林衍经◎著

方志应用学探论

北京师范大学出版社集团
安徽大学出版社

图书在版编目(CIP)数据

方志应用学探论/ 林衍经著. ——合肥：安徽大学出版社，2015.3
(安徽大学历史学文库)
ISBN 978-7-5664-0904-1

Ⅰ.①方… Ⅱ.①林… Ⅲ.①方志学—研究 Ⅳ.①K290

中国版本图书馆 CIP 数据核字(2015)第 039803 号

方志应用学探论

Fangzhi Yingyongxue Tanlun

林衍经 著

出版发行	北京师范大学出版集团 安徽大学出版社 (安徽省合肥市肥西路3号 邮编230039) www.bnupg.com.cn www.ahupress.com.cn
印　刷	合肥远东印务有限责任公司
经　销	全国新华书店
开　本	170mm×240mm
印　张	10
字　数	130千字
版　次	2015年3月第1版
印　次	2015年3月第1次印刷
定　价	31.50元

ISBN 978-7-5664-0904-1

策划编辑：徐　建		装帧设计：李　军　金伶智	
责任编辑：徐　建		美术编辑：李　军	
责任校对：程中业		责任印制：陈　如	

版权所有　侵权必究

反盗版、侵权举报电话：0551—65106311
外埠邮购电话：0551—65107716
本书如有印装质量问题，请与印制管理部联系调换。
印制管理部电话：0551—65106311

自序

我的老家在浙西南山区,那是抬头见山的地方。村子不大,村民淳朴。小时候,常听到村民们说这样一句话:"上什么山,就打什么柴。"当时虽然年幼无知,对这句话的深意并不了解,但记住了。长大后,我常常琢磨这句话,并且按照自己的理解来行事,要求自己"到什么岗位,干好什么工作",即使干得很平常,有时甚至还出点差错,却也心安理得。这一辈子,基本上就是这么走过来的。

1980年,我回到安徽大学,重新走上高校讲台,从事中国历史文选、方志学教学工作。1990年3月,被"一刀切"退休后,我对地方志研究却从没有停歇。时间过得快,一晃30多年过去了。

30多年来,我在地方志园地里耕耘,走的是一条教学、科研与社会服务相结合的路。在尽力搞好教学、协助一些地方做好地方志编纂工作的同时,还想在方志理论研究方面花点力气,多写点有用的东西。于是每有见闻,便记载下来,每有所思所识,便写出来。就这样,素材多了,思路通了,写的文章也逐渐多了起来。这样一来,积累多了,又想到理出个头绪,立题写成专著。

前20年我写的《方志学综论》《方志史话》等书,是综合性的研究成果。新世纪开始,10多年里,我先后出版了《方志编纂系论》、《地方志与旅游》、

方志应用学探论

《续志编纂说略》、《方志批评学论略》等书。这几本书都是随方志事业的发展而写的专题论著,现在要与读者见面的《方志应用学探论》,也属此类性质。选择这些选题的共同目的,就是为了适应方志事业发展的需要,填补以前乏人问津的学术空白。

别人搞科研都努力去占领理论制高点,我却退而求其次,只想填空。这是为什么?原因是我自认为学养浅疏,缺乏才气,欲登高而力不从心;而填空,则比较简单,就像用石块铺路一样,摊在坑洼处便起了作用。我的学术要求不高,即使书里有这样那样的缺点和问题,会遭受方家达人和读者们的批评,也不会太在意。何况受人关注、得人批评帮助,这还是一桩幸事;因为心里释然,所以也就这么淡定从容,写了一本又一本。

从实而论,方志应用理论研究是一项很重要的工作,方志应用学是方志学学科体系中不可或缺的一个分支学科。我之所以敢于不自量力地来写《方志应用学探论》,也正是基于这样的认识。我试图以此为引玉之砖,如果真的产生了引玉的作用,有更多人关注方志应用学建设,并为此作出努力,写出高水平高质量的方志应用学著作来,那该是多么美好的事啊!

这本书以"探论"命名,是因为我是从理论层面对方志进行研究的,尤其是作比较系统的论述,还是一个初步试探。因此,为求名副其实,便决定以"方志应用学探论"定名了。

书出来了,难免有"丑媳妇怕见公婆面"的尴尬。就这样见面了,欢迎读者们批评指正。

林衍经

2013 年 5 月 25 日。时年八十有五。

目录 MULU

第一章 绪论

1　一、"方志应用学"定名
4　二、方志应用学的研究对象和任务
5　三、方志应用学的研究内容
8　四、方志应用学的性质和学科地位

第二章 历史上对方志价值与功能的认识

10　一、早期人们对方志价值与功能的认识
11　二、对方志价值与功能认识的深化和发展
16　三、民国时期人们对方志价值与功能的认知

第三章 当代人对方志价值与功能的认知

19　一、方志价值、功能与方志应用的关系

20 　二、方志"六字功能"说的形成

22 　三、方志功能的大讨论

24 　四、关于方志功能的几点认识

第四章　历史上的用志观念和用志实践

28 　一、"经世致用"思想与历代用志观念的关系

33 　二、民国时期用志观念的变化与发展

35 　三、历代用志情况概说

第五章　新中国的读志用志活动

38 　一、1979年以前读志用志活动的初步开展

43 　二、1979年以后读志用志活动的再兴和盛行

第六章　方志工作机构与方志应用

49 　一、方志工作机构的职责

53 　二、方志工作机构应贯彻"修志为用"的宗旨

55 　三、方志工作机构应坚持"修用结合"的方针

第七章　方志资源的开发利用(上)

59 　一、地方志是丰富的"文化之矿"

61 　二、旧志的收藏

64 　三、旧志整理

68 　四、旧志资源的应用

第八章　方志资源的开发利用(中)

- 71　一、新编方志的宣传与发行
- 75　二、新编方志应用的理论与实践
- 80　三、用志情况调查和信息反馈

第九章　方志资源的开发利用(下)

- 82　一、方志目录的编制
- 84　二、旧志校勘点注
- 86　三、方志提要的编写
- 88　四、方志资料类编的辑录
- 90　五、方志索引的编制
- 92　六、地方志丛书的编写
- 94　七、网络化建设与方志应用

第十章　方志应用的持续发展

- 95　一、方志应用持续发展的有利条件
- 97　二、方志应用持续发展的机遇
- 99　三、当代方志应用发展的突出表现和成就

第十一章　方志应用理论建设

- 103　一、方志应用理论研究现状
- 105　二、方志应用学建设研究

107 ┃三、方志应用学人才培养

108 ┃四、方志应用学前瞻

[附] 作者相关论文选

110 ┃关于方志功能的理论思考

119 ┃再论地方志的兴利功能

124 ┃面向现实　与时俱进
　　　——三论地方志的兴利功能

131 ┃地方志旅游资料的价值及其利用

140 ┃地方志在构建社会主义和谐社会中的价值和作用
　　　——以南康历代县（市）志为例

148 ┃后　记

第一章 绪论

历史上,地方志的功能和价值,曾经受到志家们的关注,多有议论,但对如何开发利用地方志资源的方志应用理论的议论,却鲜有所闻。

中华人民共和国成立后,由于国家建设发展的需要,党和国家领导人倡导读志用志,学界初步开展了读志用志活动,并取得了一些成果。中国共产党十一届三中全会以后,在改革开放大潮促动下,编修社会主义新方志和读志用志活动在中华大地蓬勃开展起来,在实践中积累了许多开发利用地方志资源为国家经济、社会建设服务的经验,引发了方志界对方志应用理论的研究。随着方志应用理论研究的深入发展,方志应用学建设的问题被提上了日程。

常识告诉我们,学科,是指一定科学领域或一门科学的分支。因此,方志应用学当是方志学中的一个分支。

方志应用学作为方志学的一个分支,自然与方志编纂学、方志批评学等分支学科一样,在研究对象和任务、研究内容、学科性质和学科地位等方面,各具自身的特点。本章即由此出发,对方志应用学进行初步探讨。

一、"方志应用学"定名

方志编纂热带动了方志理论研究热。方志理论研究的持续进行和热烈讨论、读志用志活动经验的总结,引发了对方志应用理论的探索研究。方志学学科体系建设成了讨论的热点,方志应用理论被作为方志学学科体系的一个重要组成部分。但方志应用理论的学科定名,则诸说不一。仅学科称谓,据中国地方志指导小组编的《中国方志通鉴》记载,就有10种,其中称"方志应用学"或"应用方志学"的占绝大多数,也有称方志学应用、方志开发学、方志功能学、方志接受学的。仅"方志应用学"或"应用方志学",就有以下几种说法:

李成鼎认为:方志应用理论(或编纂学理论)即志书的编纂方法与技巧,包括志书的编纂流程(含组织)、志书的编纂思维方式、资料收集及考证与整理、资料入志标准、志书编纂的基本体例原则、志书编纂的基本方法与技巧、志书出版与发行、方志开发利用等等。

王建宗认为:应用方志学包括各类志书、方志提要、方志资料辑存、地方文献汇编、旧志辑佚等的应用。

梁滨久认为:方志学的应用理论研究是对方志形成过程及方志成书后发挥社会功用的研究,它包括方志编纂学和方志应用学的研究,前者研究组建机构、搜集资料、编写直至成书阶段的理论,后者研究志书编成后社会应用阶段的理论。

金达迈认为:应用方志学包括人文方志学、经济方志学、地理方志学、历史方志学。

来新夏和王德恒在《论方志科学》的文章里认为:应用方志学包含两个层次。其一是以方志编写中某些应用工作的研究为对象,如资料汇编、方志目录、方志提要、方志索引、服务社会等内容;其二是将方志学原理与有关学科某些应用研究相结合,如方志编纂学、方志史料学、方志统计学、方志目录学、方志批评学、方志美学、方志民俗学等。

姜万成认为:应用方志学包括方志应用学、方志史料学、方志目录学、方志整理学、方志收藏学、方志管理学。①

---

① 以上各说详见《中国方志通鉴》(下),北京:方志出版社,2010年,第1011~1014页。

以上各家对方志应用理论学科的定义及其内涵的见解不一,但其共同点很明显,都把方志应用理论的内涵扩大了,凡与应用相关者一概纳入,以"应用方志学"概念统而括之。这样确认方志应用理论的学科名称,是值得商榷的。

对任何事物的定名,都应当从实际出发,实事求是,力求做到科学、合理、正确。众所周知,当代中国方志应用的实践,主要表现在三个方面:一是整理旧志,汇辑旧志资料"古为今用";二是修志部门及其修志人员根据社会需要,在修志过程中提供有关方志资料为社会服务;三是新修方志成书后,通过发行提供社会应用,以发挥功效。由此可知,方志应用的实质就是应用方志,尽力做好方志资源的开发利用工作。因此,方志应用理论研究主要就是从理论高度对方志资源的开发利用进行探索,使方志功能得到充分发挥,使方志价值实现最大化,解决"给谁用"、"干什么用"、"怎么用"的问题。① 至于在方志编纂中,对如何方便和助益社会用志的思考和研究,虽与方志应用理论研究有关联,但其实质是方志编纂学范围的事,不应当与方志应用理论研究混为一谈,相提并论。关于"方志开发学"、"方志功能学"的学科称谓,则涵义略显偏狭,与方志应用的实际不尽相符;"方志接受学"的名称,也因未能准确反映方志部门和方志工作者主动开发利用方志资源为社会服务的实际,亦欠妥当。

那么,以"应用方志学"冠称方志应用理论,是否恰当呢?从词组构成来看,"应用方志学"的中心词是"方志学",词义是"应用的方志学",其内涵主要是方志编纂理论,而方志应用理论则不见了踪影。显然,这不符合方志应用理论的真义和实质。

前人有言,谓之"名正言顺"。方志应用理论的学科定名要"正",就必须切切实实地把握和反映出方志资源开发利用的实际。从人们对方志资源开发利用的实际来看,将方志应用理论定名为"方志应用学",名既正,理也通,

---

① 郭凤岐:《试论新编志书的经世致用》,《方志论评》,天津社会科学院出版社,1994年,第80~88页。

最为准确;与方志编纂学、方志批评学并立,也最为合适。

二、方志应用学的研究对象和任务

任何一门科学都有自己的理论体系,就像一株参天的大树,有根系、枝干和叶丛,它们吸收水分和养分,使大树得以生存和发展。没有理论体系的科学是不可能存在的。在一门科学的理论体系中,研究对象和任务都是必不可缺的因素。那么,方志应用学作为方志学术领域的一个专门学科,它的研究对象是什么,又担负着何种研究任务呢?为此,当代方志界作了许多努力,进行认真探讨,并提出了诸多见解。其要者有以下几种:

有人说:"方志应用学是研究方志文化应用理论的一门科学,它主要研究方志在各方面应用的规律性问题,解决方志如何为社会经济建设服务即如何转化为生产力的一系列理论问题。"①

也有人说:"方志应用学是以地方志的内在功能、作用及其社会利用为研究对象的专门学科。"②

还有人以方志接受学的理念作论,认为:"方志接受学的独特研究对象就是方志接受,就是整个方志接受活动。它包括从方志文本到方志效用或从方志接受到方志接受理论的全过程。"③

这些见解,对于进一步探讨和认识方志应用学的对象和任务,都有参考价值。那么,我们如何在这些见解的基础上,继续深入研究这个问题呢?

毛泽东同志指出:"科学研究的区分,就是根据科学对象所具有的特殊矛盾性。因此,对于某一现象的领域所特有的某一种矛盾的研究,就构成某一门科学的对象。"④这一论断,为我们认识方志应用学的研究对象指明了正

---

① 刘柏修、刘斌主编:《当代方志学概论》,北京:方志出版社,1997年,第123页。
② 刘希汉、安爱民、刘小平:《建立方志应用学的若干思考》,《中国地方志》2003年第4期。
③ 韩章训:《方志接受学基础教程》,杭州出版社,2005年,第5页。
④ 毛泽东:《矛盾论》,《毛泽东选集》第1卷,北京:人民出版社,1952年,第297页。

确方向,给出了科学的方法。

方志应用是一种实践活动。如前所说,这一实践活动,主要包括三个方面:一是旧志的"古为今用",二是修志过程中以方志资料为社会服务,三是新修方志成书后的社会应用。这些用志实践活动,都涉及方志应用如何走向社会、如何开发利用好方志资源的问题。简言之,这些实践活动就是解决方志"给谁用"、"干什么用"、"怎么用"的问题。因此,这三个问题便成了方志应用领域所特有的矛盾,即方志应用学的研究对象。

解决方志"给谁用"、"干什么用"、"怎么用"的问题,目的在于从理论层面研究怎样实现方志应用社会化,开发好、利用好方志资源,为我国的经济社会建设服务,使之在我国经济社会发展中充分发挥功能,实现方志资源价值的最大化。这是方志应用学研究的基本任务和主要任务。同时,基于目前方志应用学本身基本理论体系尚未形成的现实,尚需要通过方志应用实践经验的积累和方志应用理论的持续深入研究,在相当长的时间内,争取建立起比较完善的方志应用学理论体系,这是方志界面临的艰巨任务。

国务院2006年5月18日公布施行的《地方志工作条例》第一条就明确说明:制定这个条例是"为了继承和发扬中华民族优秀文化传统,全面、客观、系统地编纂地方志,科学、合理地开发利用地方志,发挥地方志在促进经济社会发展中的作用"。第十六条也规定:"地方志工作应当为地方经济社会的全面发展服务。"该条例的颁布施行标志着地方志工作步入了法制化的轨道。可见,修志和用志这两项方志工作都是现在和将来必须长期坚持要做的,为做好这两方面的工作,就必须加强方志编纂理论和方志应用理论的研究。

三、方志应用学的研究内容

方志应用学的研究对象和任务,决定了方志应用学的研究内容。由于方志界对方志应用学的研究对象和任务见解不一,导致对方志应用学研究内容的认识存在歧见。综观报刊和书籍中的各家阐述,大家基本一致的意见主要有两个方面：一是认为应当深入、实事求是地研究方志的价值与功效，促进对方志资源的开发和利用；二是认为应研究如何有效地开发利用方志资源，更好地为经济建设和社会发展进步服务。这样的见解，显然是从实用的角度考虑的。若从方志学学科建设要求来审察，方志应用学的研究内容仅有这两个方面是不够的，因为：方志应用学是方志学的分支学科，其研究内容应是体系化的方志应用理论，是系统的、全面的理论。从当代方志应用实际和学界在方志应用理论研讨中的各家见解看，方志应用学的研究内容大致应包括以下六个方面：

第一，方志应用与方志应用学的关系。

实践性是马克思主义哲学辩证唯物论的最显著的特点之一，"强调理论对于实践的依赖关系，理论的基础是实践，又转过来为实践服务"。① 方志应用与方志应用学的关系也正是实践与理论的关系。实践出真知，实践是检验真理的唯一标准。研究方志应用与方志应用学的关系，对于深化和发展方志应用理论，以方志应用理论推进方志应用实践，为方志应用实践服务，其重要意义和作用是不言而喻的。所以，这两者之间的紧密关系，理应是方志应用学的研究内容之一。

第二，方志应用学的基本理论。

一门学科的基本理论是一门学科的基石。方志应用学的基本理论主要包括方志应用学的研究对象和研究任务、方志的价值和功能、方志应用学的性质、方志应用学的学科地位等。研究这些基本理论，有助于正确、全面、系统地认识方志应用学，建设方志应用学的学科理论体系，从理论上正确认识方志资源开发利用的重要性和必要性。

第三，方志应用的历史传统和前人对方志应用的认识。

历史是不能割断、也不应当被割断的，了解过去有助于认识今天、把握现实，更好地规划未来。前人对方志应用的认识和应用方志的做法，一些好

---

① 毛泽东：《实践论》，《毛泽东选集》第1卷，北京：人民出版社，1966年，第273页。

的经验,今天仍然可以借鉴;对一些错误的观念和举措,应当批判和扬弃。这样,才能对方志应用的历史传统进行批判地继承,做到以古为鉴,古为今用,才能把方志资源开发利用工作做得更好,使方志应用理论得到发展,并在发展中逐步完善方志应用学理论体系。

第四,当代方志应用与方志应用理论的研究。

当代方志应用实践,无论是从地域的广泛性还是从方志资源开发利用规模、方志应用的方式方法来说,都是空前的,所取得的方志应用经验、方志应用理论研究成果及其影响,都引起世人瞩目。对其成就和存在的问题,都需要深入地探究和总结,从理论上进行了概括。

第五,方志应用学的学科建设。

学科建设,就是学科体系建设。方志应用学的学科体系,要在方志应用实践积累经验的基础上,经过概括、抽象,才能逐步形成。当前我们看到的情况是:全国各地读志用志活动蔚然兴起,开发利用方志资源取得成功的事例"在各地普遍存在,数不胜数",仅《中国方志通鉴》选取的"有代表性的事例"就有249则;[1]总结方志应用经验和探讨方志应用理论的文章大量出现。但是从这些研究成果来看,对关于方志学学科体系及其建设进行探讨的,却少之又少。这是不利于方志应用学的建设的,也会妨碍和影响方志资源的开发利用。事实表明,方志应用学的学科建设,是方志应用学研究的一项重要内容和长期战略任务。

第六,方志应用和方志应用理论未来的发展趋势。

《地方志工作条例》第十条规定:"地方志书每20年左右编修一次。"1992年5月7日,李铁映在全国地方志第二次工作会议上的讲话中也说:地方志编纂是"伴随着中华民族生生息息永不尽竭的光荣事业",志书是"伴民族,随历史,代代相济,永不断章"的。[2] 因此,方志资源的开发利用也将随之永续发展。与此相适应,方志应用学研究,理当跟上时代发展的新形势来审

---

[1] 《中国地方通鉴》(下),北京:方志出版社,2010年,第1397页。
[2] 见《中国地方志》1996年第3~4期会刊。

方志应用学探论

视方志资源开发利用的新动态、新走向,认认真真、切切实实地进行前瞻性的思考。

以上六个方面内容表明,方志应用学的研究内容具有广泛性、全面性和系统性的特点。关于开发利用方志资源的方法和措施等,鉴于本书第七、八、九章已作较为具体的探讨,在此从略勿赘。

四、方志应用学的性质和学科地位

1. 方志应用学的性质

"性质,指事物所具有的特质"。① 这种特质,就是某一事物的科学属性。要认识某一事物的科学属性,就要有科学的、正确的方法。那么,我们采用什么方法来认识方志应用学的科学属性(即它的性质)呢?

毛泽东说:"人的认识物质,就是认识物质的运动形式","对于物质的每一种运动形式,必须注意它和其他各种运动形式的共同点。但是,尤其重要的,成为我们认识事物的基础的东西,则是必须注意它的特殊点,就是说,注意它和其他运动形式的质的区别。只有注意了这一点,才有可能区别事物。"② 这一论断,为我们指明了认识方志应用学科学属性的科学的、正确的方法,使我们懂得:认识方志应用学的性质,"必须注意它和其他各种运动形式的共同点","必须注意它的特殊点"。

方志是图书的一种,因此,方志应用即是图书应用,方志应用理论研究与一般图书应用理论研究在形式上存在着共同点;但是,方志应用理论研究主要是研究方志资源的开发利用,以之为社会服务,有着自己特有的方式方法。这表明,方志应用学是一门具有特殊科学属性的图书应用学。

2. 方志应用学的学科地位

一门学科的各个分支学科,在学科中分别处在不同的位置,发挥着各自

---

① 《辞海》(中),上海辞书出版社,1979年,第1981页。
② 毛泽东:《矛盾论》,《毛泽东选集》第1卷,北京:人民出版社,1966年,第296～297页。

不相同的作用。方志应用学在方志学学科体系中,发挥着与方志编纂学、方志批评学等分支学科不同的特殊作用。在关于方志学学科体系构成的讨论中,尽管人们对方志应用理论学科名称有种种不同的提法,但对其属于方志学的分支学科即子学科的认识是一致的。

方志编纂是方志事业的基础,没有方志编纂就不可能有方志事业。为了保障和提高志书的质量,在方志编纂流程中必须有志稿评议环节,成书后还要对志书进行评论。然而,即使成就了质量优秀的志书,如果不用,其资源就得不到开发,功能得不到发挥,不能为社会服务,其价值也就无法体现,作用也就无从谈起。所以,从方志事业的整体上思考,方志编纂、方志批评、方志应用,都很重要,需要从理论高度研究如何把这些工作做好,使方志事业不断发展,更好地为社会服务。由此可见,就整个方志事业而言,方志编纂学、方志批评学、方志应用学,在方志学学科体系中都是不可或缺的,都占有重要的学科地位。修志为用,从某种意义上说,方志应用学对方志事业的持续发展,尤为重要,因为修好的志书不用,无异于一堆纸;用了,才能体现其价值,发挥其功效。方志应用学在方志学学科体系中的重要地位,不容小觑;方志应用学的建设,应当加强。

加强方志应用理论研究,进行方志应用学建设,是一项长期的工作,任重道远,有待方志界人士的共同努力。今天,方志应用理论研究如旭日初升,未来,我们将看到方志应用学的艳阳天。

第二章　历史上对方志价值与功能的认识

关于地方志的价值与功能问题,历来为志界所重,探索研究者众,可谓代不乏人,诸说并出。

历史上人们对方志价值与功能的认识,大多反映在志书的序文里。纵观其轨迹,其明显的特点就是认识由浅入深,从了解地情"知其利害"逐步发展到为军事、政治服务,并形成"资治、存史、教化"功能认识。民国后,学界对方志功能的探索和认识,除了见诸志书的序文外,在一些专业著述中也出现了对方志价值与功能的申论;有的还从新的视角,申述了接近民生实用的方志价值与功能。

一、早期人们对方志价值与功能的认识

人的活动一般都是有目的的行为。人们最初认识到方志的价值,正如司马光在"河南志序"里所说,其内容可以"昭王知其利害",用作"资治"之需。当然,这只是宋代人司马光的说法,至于最初人们的认识,由于缺乏文字记载,则不得而知。但是可以确定的是,正是因为方志资源有可利用的潜在价值,人们才修志和用志。

在封建社会里,志与史是密切关联的,都是被用来为封建统治阶级服务的。历史事实表明,无论是方志编纂,还是方志理论的发展,都曾深受史学的影响,方志应用和方志应用理论也是如此。例如,东汉末年史学家荀悦关于史书作用,即"立典五志"的论述:"立典有五志焉:一曰达道义,二曰章法式,三曰通古今,四曰著功勋,五曰表贤能。"①东晋时,常璩在《华阳国志》序里指出:"夫书契有五善:达道义,章法戒,通古今,表功勋,而后旌贤能。"他认为只有"章法戒"和"章法式"有些差别,史书功用与方志功用才是一致的。"书契五善"说是首见于文字记载的方志功用论,史学理论对于方志应用理论的影响之深,于此可见。这是方志史上人们早期对方志价值与功能的认识,后来人们对方志价值与功能的种种见解,都是在这个基础上衍生和发展的。

二、对方志价值与功能认识的深化和发展

唐代,人们对方志价值与功能的认识,较"书契五善"说有了新的发展,主要反应在两个方面:

其一,突出了为封建国家政治和军事服务的价值与功能。其倡导者李吉甫、元稹等人,他们本身就是当时的封建大官僚,他们是在其位、谋其政,有这样的认识是其阶级属性使然。有这种认识上的变化发展,也与当时的情势紧密相关。当时正处于"安史之乱"后的藩镇割据时期,唐中央政府力量大衰,必须发挥方志在加强中央集权方面的积极作用。②

其二,认为修志必须求实、崇实,所修之志才具有价值,产生作用。颜师古注《汉书·地理志》时,批评中古以来方志编纂"竞为新异,妄有穿凿,安处附会,颇失其真";李吉甫在《元和郡县志序》中指出:古今言地理者"多传疑而失实";刘知几《史通》强调"以实录直书为贵"等,其意皆在于要求志书的记载要真实,只有真实,才能发挥作用。

---

① 《后汉书》卷六十二,《本传》
② 参见本书第四章第一节。

唐代志家们对方志价值与功能的认识的变化,是一个历史进步现象,对后世的影响大且久远。

宋乐史撰《太平寰宇记》后,自称:"万里山河,四方险阻,攻守利害,沿袭根源,伸纸未穷,森然在目,不下堂而知五土,不出户而观万邦。"①说明地方志编修者十分看重其军事和政治方面的价值和功用。但宋代志家们并没有停留在这个认识上,随着宋代方志体例的发展和大致定型及记载内容的丰富,人们更加关注方志的资政功能。例如,郑兴裔在《广陵志序》里就具体说明:"郡之有志,犹国之有史,所以察民风,验土俗,使前有所稽,后有所鉴",不特在"天子采风问俗"时"借以当太史之陈",而且可使"后之来守是邦者,亦庶乎其有所据依"。刘文富在《严州图经》(亦称《新定志》、《新定图经》)自序里,更直接指出,修志是为了"告后之为政"。

宋代志家们除了关注和重视方志的资政功能外,还注意到了方志在封建道德理想教育方面的警策作用。例如,吴子良《赤城续志序》谓"诠评流品,而思励其行","悟劝戒而审趋舍";董弅《严州图经》自序谓"承学晚生,览之可以辑睦而还其俗,宦达名流,玩之可以全高风而励名节",都很明确地说明了方志在道德教育方面的价值和作用。此外,有人还从文学艺术创作的角度阐述方志的价值和功能。如王象之就指出:由于方志"收拾山川之精华。以借助于笔端,取之无尽,用之不竭",所以能够"使骚人才士,于一寓目之顷,而山川俱若效奇于左右"。② 从而起到提供素材、启发灵感的作用。

元代志家对方志价值与功能的认识,也重在资政和教化方面。欧阳玄在《钤冈新志序》里就说:"因田野之有定界也,而考其有污莱者乎;因户口之有定数也,而考其有流亡者乎;因赋役之有定制也,考其在公者有湮没乎,在私者有暴横乎;因士习之有旧俗也,考其有可匡直而振德者乎,有可濯磨而作新者乎?治之而无倦,则田野可辟,户口可增,赋役可均,风化可以日美,人才可以日盛矣。"所以,方志"非徒以广记载、备考订而已,将以为勤政之一

---

① (宋)乐史:《进太平寰宇记表》
② (宋)王象之:《舆地纪胜序》

大助也",是不可"一日而缺"的。①《元大一统志》的编纂者更是认为,志书可以"垂之万世,知祖宗创业之艰难,播之臣庶,知生长一统之世",能"各尽其职","各尽其力",达到"上下相维,以持一统"的良好效果。② 这种对一统志在维系一统局面、促进长治久安方面的作用的认识,说明元代志家承袭了宋代志家的见解,同时又在宋代志家的基础上有了新的发展。

到了号称"凡郡国县邑,靡不有志"③、"郡邑莫不有志"④的明代,由于太祖、成祖等相继倡导修志,所以修志者和论志者对方志的资政辅治价值和功能都非常重视,许多志书的序文里都有这方面的论述。如程敏政在为弘治《休宁县志》作的序里就说:志书记载"非徒以饰吏事,广人之见闻而已。计田赋,而知公敛之厚薄;因物产,而知民生之丰俭;察宦迹,而知吏治之得失;按人物,而知士习之浮雅,俗尚之浇淳。其于政乎系焉若此,其大且要也。"⑤周琦在(弘治)《句容县志序》里,也认为"郡邑之志亦郡邑之史,史昭鉴戒而志与之等。是故修志之笔当不下之修史,凡为郡邑者必先考志",以求"有补于治"。⑥ 张佶在(弘治)《宿州志》序里分析了方志所具有的政治作用后,作出结论说:"志有益于人也,大而关于世也。"⑦

刘琬在(正德)《袁州府志序》里,开篇即谓:"夫府志者,志一府土地所该之事,古今已往之迹,以布今传后而辅于有政者也。"⑧

张天驷在(嘉靖)《皇明天长志·重修天长县志后序》里概括常璩"书契

---

① 转引自王晓岩:《历代名人论方志》,沈阳:辽宁大学出版社,1986年,第108~109页。
② 《圭唐小稿》五。
③ (明)余士奇:《万历祁门县志序》。
④ (明)张邦政:《万历满城县志序》。
⑤ 《休宁县志》附录《旧志序文》,合肥:安徽教育出版社,1990年,第625页。
⑥ 见张英聘著:《明代南直隶方志研究》,北京:社会科学文献出版社,2005年,第213页。
⑦ 见张英聘著:《明代南直隶方志研究》,北京:社会科学文献出版社,2005年,第213页。
⑧ 《江西地方志序跋凡例选录》,江西省省志编辑室,1986年印,第32页。

五善"指出,方志具有"备观省,昭劝戒,励风教"①之功用。张沛在(嘉靖)《寿州志》序里,对志书的各种功用作了具体分析。他说:"视舆地,宁不思捍守欤?视山川,宁不思奠安欤?视建置,宁不思沿革欤?视食货,宁不思储蓄欤?视官守,宁不思鉴戒欤?视礼制,宁不思遵崇欤?视人物,宁不思化理欤?"②

弘治、正德、嘉靖三个时期六部志书的序文中有关对方志价值与功能的认识,虽然从不同角度提出了不少新的见解,但说来道去,其基本内容还是"资治、教化、存史"三大功能。

清代方志研究之风盛行,对方志价值与功能的论述颇多,但其宋明之迹显然。顺治时任金华知府的张荩,在《重修金华府志序》中说的郡邑之志"上以备国家轩辕之采,下以供百工考鉴之资","深之可以悟政教,浅之可以广见闻,近之可以考民风,进之可以察吏治",③便是一例。另一位顺治年间曾任提督学政之职的浙江桐乡人孔自洙,在《重修延平府志序》里也说:"阅封疆之险要,可以资守备;观户口之盈缩,可以宏休养;鉴人物之臧否,可以树法戒;览规模之沿革,可以裁补救;察风俗之淳薄,可以隆教化。"④

广信府知府孙世昌在(康熙)《广信府志序》里,开宗明义便指出:"今之志,古之史也,皆所记故实,昭劝戒也。"对"昭劝戒"的具体内容,他作了详细阐述,说:"观于星野灾祥,而知休咎召自德秽,天道虽远而实迩也。观于山川形势,而知险阻未足恃,人心可以固圉也。观于户口赋役,而知伪增固妄,括羡亦愚,敲朴之下,民艰当念也。观于风俗之变,而知由奢入俭,即由盛入衰之兆也。观于学校之隆,而知崇儒尊师,兴贤养士,其有关于风教非渺也。观于名臣宦绩,而知攀辕卧辙,去思登诸俎豆之祠者,必其为循良吏,而能树伟伐,捍大患者也。观于选举科目,而知贤能之书,献于王朝,扃于天府,典

---

① 转引自刘纬毅等著:《中国方志史》,太原:三晋出版社,2010年,第15页。
② 转引自刘纬毅等著:《中国方志史》,太原:三晋出版社,2010年,第15页。
③ 引自王晓岩:《历代名人论方志》,沈阳:辽宁大学出版社,1986年,第107。
④ 引自王晓岩:《历代名人论方志》,沈阳:辽宁大学出版社,1986年,第107、111页。

綦重矣。士宜知自好,无跅驰以败类也。观于文学著述,而知经术足尚,艺文足志,豢龙虎而熠凤鸾,要当以圣贤为宗也。观于节孝之伦,而知矢志贞介,气烈行笃者,足以砥世而砺俗也。观于隐逸之士,而知恬己垢物,怀璞自宝,足以兴廉耻而息奔竞也。观于方外者流,而知蕊珠宫代有畸人,总持三教,亦吾党之所共许也。观于封禁之由,而知开采为圣明之累,司国计者,无为言利之臣所惑也。"如此全面地叙说方志"垂鉴于来兹,而有裨于世教"的功能,①其中虽有迷信观念和封建意识,但却是用心地思索方志的价值和功能,是前所未见的。

方志学大师章学诚对方志价值与功能的认识突出表现在,从"志书为史"的观念出发,认定方志可以"为国史取裁",作"史部要删",②有"裨风教",起"经世"作用等方面。③

坦实而言,清代志家对方志价值与功能的认识尽管有强烈的封建意识,但对方志"资治、存史、教化"功能的具体申述,较之已往人们的认识,在"经世"方面的意义显得更加突出了。

唐代以来,志家们对方志价值与功能的种种见解,无不聚焦在为封建统治阶级的利益服务上面。有当代学者综合前人的见解,将旧时方志为封建统治阶级利益服务的价值与功能,概括为十个方面,即:

- 巨细无遗,以为国史要删;
- 周知利害,以立一代纲纪;
- 详审山川,以决攻守之略;
- 备载方物,以筹国计民生;
- 登列丁亩,以定一方赋税;
- 博采风情,以利因地制宜;
- 考核典章,以知政治兴坏;

---

① 《江西地方志序跋凡例选录》,江西省省志编辑室,1986年印,第42~44页。
② (清)章学诚:《为张吉甫司马撰〈大名府志〉序》。
③ (清)章学诚:《答甄秀才论修志第一书》。

- 著录政绩,以察官吏贤否;
- 彰善瘅恶,以裨社会风教;
- 广征诗文,以见文化升降。①

凡此等等,都说明了旧时方志作为"辅政之书"所具有的资政价值与功能,有教化、存史之用,有宣传封建礼教和为封建统治者歌功颂德、树碑立传的价值与功能。

三、民国时期人们对方志价值与功能的认识

辛亥革命推翻了清王朝的封建统治。从此,民主共和的理念和科学思想逐渐深入人心,且冲击了传统文化,对方志编纂和方志学的发展都产生了积极影响。人们对方志价值与功能也进行了新的思考,出现了变化。

梁启超从治史的角度,对方志的资料价值大加赞赏。他说:"以吾侪今日治史者之所需要言之,则此二三千种十余万卷之方志,其间可宝之资料乃无尽藏……犹幸有芜杂不整之方志,保存'所谓良史者'所吐弃之原料于粪秽中,供吾侪披沙拣金之凭借;而各地方文化发展之迹及其比较,明眼人遂可以从此中窥见消息,斯则方志所以可贵也。"②这一番论述,较章学诚"为国史取裁"和"史部要删"的见解,更进了一步,从学术价值角度对方志资料进行了评价。

瞿宣颖则从历史研究的角度,在六个方面考察了地方志资料的价值和作用。他说:"社会制度之委曲隐微不见于正史者,往往于方志中得其梗概,一也;前代人物不登名于正史者,往往于方志中存其姓氏,二也;遗文佚事散在集部者,赖方志然后能以地为纲所统摄,三也;方志多详物产、税额、物价等事实,可以窥见经济状态之变迁,四也;方志多详建置兴废,可以窥见文化

---

① 史继忠:《方志浅谈》,载《贵州文史丛刊》1982年第1期。
② (清)梁启超:《清代学者整理旧学之总成绩——方志学》。

升降之迹,五也;方志多详族姓之分合,门第之隆衰,往往可与其他史事互证,六也。"①他在《读方志琐记》一文中说:"方志中所蕴藏至富,爬梳而出之,必有可观。"②显然,新社会人们开发和利用方志资源所取得的成果,已证明了他的说法的正确性。

民国时期,由张传保修,陈训正、马瀛纂的浙江《鄞县通志》,其《例言》在阐明编纂宗旨时,更直白地说:"盖县志之本为用,本为一邑建设改革之参考,绝非如封建时代官绅阶级所想象,以为表扬先世、恭敬桑梓或游览名胜及茶余酒后作谈助业编纂也。"③他强调志书"为一邑建设改革之参考"的价值与作用,实际上也是对封建时代统治阶级利用方志为其封建统治服务的行径的批判。

黎锦熙的方志"四用"之说即科学资源、地方年鉴、教学材料、旅行指导,揭示了新时期的方志价值与功能的新特点,即"时代所需"的"方志之功能"。④ 不仅这样,当日本侵略者踩躏中国、屠杀华夏儿女的民族危难时刻,他还呼吁文化界中人给自己所在的地方修县志,为抗战救国服务。⑤ 他还身体力行,主编了《洛川县志》等志书。其中所载抗战之事,曾有人作如是之评:"凡一才一艺、一言一行、一事一物,犹谆谆不厌其详,务使人人知国家兴亡,匹夫有责之义,借以振衰起懦,敌忾同仇,共赴国难。"⑥把方志价值与功能提到为抗战救国上来认识,可谓独具卓见。

从以上所述可知,民国志家审察方志价值与功能的视野,已经"打破了旧学只重政治功用的偏见,对于重新估价地方志在科学研究和社会生活中

---

① (清)瞿宣颖:《方志考稿》甲集《序》。
② (清)瞿宣颖:《读方志琐记》。转引自朱士嘉编著:《中国旧志名家论选》,《史志文萃》编辑部,1986年,第226页。
③ 刘纬毅等:《中国方志史》,太原:三晋出版社,2010年,第301页。
④ 黎锦熙著:《方志公议》,北京:中国展望出版社,1982年,第5~6页。
⑤ 黎锦熙著:《方志公议》,北京:中国展望出版社,1982年,第5~6页。
⑥ 韩庚:《洛川县志·跋言》。转引自刘纬毅等著:《中国方志史》。太原:三晋出版社,2010年,第302页。

的地位具有积极作用"。①

民国时期志家中,也有人在方志价值与功能的认识上仍然未能摆脱传统观念的影响。例如,寿鹏飞在《方志通义》中就认为:"志以补郡国利弊之书",可以"正人心,敦风尚,明正谊,垂治规;究兴衰之由,除利弊之要,补救时政之阙失,研究民生之荣枯","是为治理之龟镜"。② 沈良弼在(民国)《德兴县志序》里也说:方志"具国史之资材,备观省而垂劝戒","大之可当国家之褒贬,小之可正社会之是非,远之可发百代之幽光,近之可训风俗之美刺"。③ 可谓旧调重弹。但历史是向前发展的,人们的认识也是与时俱进的。在中华人民共和国成立后,特别是在中国共产党十一届三中全会后的改革开放新时代,传统的对方志价值与功能的认识得到改进,其中对今天仍然有用的东西已被赋予了新的内涵。

---

① 见来新夏主编:《中国地方志综览》,合肥:黄山书社,1988年,第441页。
② 转引自《中国方志通鉴》,北京:方志出版社,2010年,第997页。
③ 《德兴县志》,北京:光明日报出版社,1993年,第1046页。

第三章　当代人对方志价值与功能的认知

不同时代的人对事物的认识,总是与时俱进、变化发展的,虽有变化大小、发展快慢的不同,但绝不会停留在旧有的水平上。当代人对方志价值与功能的认识,批判地继承了前人对方志价值与功能的认知,又拓展和深化了"资治、存史、教化"的内涵,表现出了对方志功能进一步探索的热情,并获得了新知,又彰显了社会主义新时代的特色。

为比较全面地反映当代人对方志价值与功能的认识过程,本章分别就方志价值、功能与方志应用的关系、方志"六字功能"说的形成、方志功能的大讨论、关于方志功能的几点认识等,进行阐述。

一、方志价值、功能与方志应用的关系

地方志的价值,向来为人们所重视,原因是地方志中记载了极为丰富、珍贵的资料。

我国有两千多年编纂地方志的历史,今天,流传下来的地方志数量巨大,堪称浩如烟海,汗牛充栋。在这些地方志中,举凡天象与自然灾害资料、矿藏物产资料、人口贡赋资料、少数民族历史资料、各族人们反侵略反压迫

斗争史料、中外交往史料、科学技术研究资料、宗教资料、封建统治阶级压迫剥削奴役劳动人民资料、文化艺术资料,以及军事、货币、交通、风俗等方面的资料,应有尽有,有许多还是史书典籍中未予记载的宝贵资料。这些资料,都是研究我国经济史、政治史、文化史、军事史、对外交往史和进行经济文化建设不可缺少的参考资料。所以,国际著名学者陈正祥教授在其所著《中国文化地理》一书里,把地方志誉称为丰富的"文化之矿"。旧地方志的珍贵价值,由此可见一斑。

20世纪70年代末以来,我国地方志事业蓬勃发展。仅首轮修志,便出版了省(区、市)、市(地、盟)、县(区、旗)三级志书近7000部;随后的二轮修志又已出版了一大批续修方志。这些新编修的地方志,记载的内容更为丰富、全面、系统、科学,因此,受到国内外读者的欢迎,在实际应用中也产生了良好作用。

方志的价值与功能和方志应用,存在着密切的关系。所谓"价值",辞书的释义有二说:一是"指事物的用途或积极作用",①二是指有"积极作用"。②这两种说法虽然同中有异,却说明了价值与作用的关系,价值是事物内质的体现,只有通过应用,才能体现其用途,产生积极作用。因此,方志内容的资料价值,只有应用于实际,产生了作用,才能体现出来。曾有人说:"没有用志,志书也只能是书架上的摆设。志书的功能和价值,只有通过用才能体现出来。"③

二、方志"六字功能"说的形成

当代方志界盛行方志"六字功能"说。所谓"六字功能",即方志的"资治、存史、教化"功能。最初提出这一见解的是武汉市地方志办公室的朱文

---

① 《辞海》(上),上海辞书出版社,1979年,第504页。
② 《现代汉语词典》,北京:商务印书馆,1978年,第536页。
③ 张景孔:《新志应用论》,《湖北方志》1994年第5期;《悦堂志论》,天马图书有限公司,2001年,第3页。

尧。1982年，他"将所能找到的历代地方志书中有关议论地方志功能的部分，摘抄在一起，加以组合归类，归纳为'资政、教化、备存'六个字。"①1983年3月，中国地方志协会负责人梁寒冰就《中国地方史志通讯》的刊物问题在天津召开小型会议，朱文尧将自己的这一对方志的认识带到会上。与会的董一博建议将"资治"改为"资政"，"教化"改为"教育"，"备查"改为"存史"。朱文尧认为："'备查'改为'存史'二字改得很好，既雅且博。但'资政'和'教育'不如'资治'与'教化'好"，因此，他坚持仍以"资政"与"教化"表述。这次会议后，方志的"资治、存史、教化"（或"资政、存史、教育"）"六字功能"说被广泛认同，并沿用至今。

方志"资治、存史、教化"功能说是对历史上关于方志价值与功能的各种认识的高度概括，诚如诸葛计同志所说："古人的不少方志序文、跋语或文章中，对方志功能的论述时，有为治之鉴说，助军实说，存史说，兴道起化的教育说，补敝救衰，兴利除弊说，反映民瘼，为民鼓呼说，增浓乡情说等等。但用如此简洁明快的六个字加以概括，则是在本届修志（指首轮修志——引者）中才正式提出的。归纳出这六个字，既是对先贤各种卓识的扬弃，也融入了本届修志初期的实践所得，是这届修志中获得的一项重要的理论成果。"②

1984年7月16日至23日，全国北片13个省、市、自治区县志稿评议会在黑龙江省黑河市举行。与会者在评议志稿的过程中，对涉及的一些带有共性的问题进行了讨论。关于编修县志的目的，会议强调："一定要有利于'两个文明'的建设，能够发展'资政、教育、存史'的作用。"③方志的"资政、教育、存史"三大功能首次出现在文件中。

1985年，董一博在吉林省延边自治州学术报告会上作《论方志的五大作用》的讲话时，在论述了信息、借鉴、里程碑、乡土教材及资料总库五大作用

---

① 转引自《中国方志通鉴》（下），北京：方志出版社，2010年，第1060页。
② 诸葛计：《中国方志五十年史事录》，北京：方志出版社，2002年，第106页。
③ 志言：《全国北片县志稿评议会纪略》，《中国地方通讯》1985年第一期。

后,他概括说:"再综合起来,不外'资政、教育、存史'六个字。"①

其后,在一些论著和领导讲话、有关文件中,经常出现"资治、教化、存史"和"资政、教育、存史"两种不同提法。两种提法虽有些差别,但彼此内涵是完全一致的,又都以六个字来概括,所以便被概称为"六字功能"说。

可见,方志"六字功能"说既是当代人对方志文化遗产的总结或概括,也是当代人对方志文化遗产的批判继承。

三、方志功能的大讨论

方志"六字功能"说形成后,虽然一时成了公论,却也引发了方志界的一番热烈讨论。讨论热潮初兴时,热点也只是三大功能中何者是主要的功能、其主次先后如何排序、彼此间的关系和联系如何等问题,基本上是围着三大功能转。1986年9月18日至21日在天津召开的中国地方志协会第三次学术年会上,关于方志功能的讨论就出现了这种情况。这次年会的《纪要》中写道:

> 讨论中认为:'资治'、'教育'、'存史'六个字,基本上概括了志书的功用,在还没有更恰当的概括之前,可以暂时借用它。但在具体分析中,又有不同的看法。有的认为,资治、教育、存史不是三分天下,而是有主有从,资治是志书原生的,唯一的或直接的功能,其他都是派生的、次要的。有的认为,教育、存史也是为了资治,资治不但为现实,而且为未来。有的认为,资治不是方志独有的特性,不能片面强调资治,用资治代替一切。方志是资料性的著述,存史才是志书内在的原动力,如果没有反映一方基本情况的资料,也就谈不上资治和教育。有的认为,不必去争论志书三大功能的谁主谁次,谁先谁后,三者是志书功能的统一,并行不悖,而资治是目的。有的认为,资治、教育、存史是志书的功

---

① 董一博:《论方志的五大作用》,《延边史志》1985年第3期;《董一博方志论文集》。开封:河南大学出版社,1989年,第309页。

能,但看不出其特殊性,凡史书都有这三大功能,目前只是借用这六个字,尚待更新。①

《中国方志通鉴》也根据这次年会和各地方志刊物、各种论著中发表的意见,归纳出五种不同的观点,并作了比较具体、详细的介绍:

第一种观点认为,"存史"是三者的"原生体","是第一性的",是"基础",而其余两者是"派生物","是第二性的","是上层建筑"。因此,主张"六字"以"存史、资治、教化"为序。

第二种观点认为,"资治"是志书的根本(或者说首要)功能。因此,"资治"应排在三者之首。

第三种观点认为,"六字功能"不必分出主从关系,三者是有机的整体。

第四种观点认为,应突破"六字功能"的旧框,从传统观点中解脱出来。

第五种观点认为,地方志的固有功能(或基本功能)是认知功能。②

随着用志活动的发展,方志界面向现实,对方志功能的认识视野更加开阔,探索也更加深入,打破了局限于三大功能的樊篱。各种见解都有,仅《中国方志通鉴》一书中"方志理论部分"列目详载的,就有方志的决策功能、方志的借鉴功能、方志的教育功能、方志的发展经济功能、方志的兴利功能、方志的旅游功能与窗口功能、方志在学术研究中的作用、地方志是资料库、地方志是信息源等近十种不同见解。③ 这些见解都言之有理,持之有据。反映了方志界在新时期读志用志浪潮激发下,理论研究中呈现的实事求是、勇于探索的精神。

---

① 《中国地方志协会一九八六年学术年会纪要》,《中国地方志》1986年第5期
② 详见《中国方志通鉴》(下),北京:方志出版社,2010年,第1060~1063页。
③ 详见《中国方志通鉴》(下),北京:方志出版社,2010年,第1063~1069页。

四、关于方志功能的几点认识

在封建时代,地方志作为一种官修书,是用来为巩固封建统治服务的,其读者、用者都是历朝历代的官吏和儒士,因此,地方志的资治、存史、教化功能,受到时代和阶级的局限。民国时期编修的方志,虽然体例和内容有所发展,有所变化,内容更加丰富,体现了一定程度的科学性,但由于经济和文化方面的种种困难,广大人民群众既无力购买,也缺乏阅读应用志书的能力。因此,方志功能的发挥也受到极大的制约。

中华人民共和国建立后,进入了中国共产党领导下的人民当家作主的新时代,教育事业的发展,使人民群众文化素质大为提高,阅读能力普遍增强。因而,方志的读者群体也就扩大了。而在中国共产党十一届三中全会以后兴起的社会主义新方志编纂热潮中,在"党委领导政府主持"下编纂出版了大批志书。这些志书都体现了"人民的方志人民写,人民的方志写人民,人民的方志大家读,人民的方志大家用"的宗旨。这些志书不仅为政府和各个社会团体、各级干部提供了可读、有用的书籍,也为已经提高了阅读能力的广大人民群众所接受、所欢迎,使地方志为最广大人民提供服务成为现实。所以,自20世纪80年代中叶首批新编方志面世以来,读志用志活动便逐步在全国各地持续开展起来,取得了良好效果。诸葛计《新编地方志资源开发与利用集例》的"社会各界人士与方志"谓:读志用志人士包括了领导干部、工作人员、科技人员、工人、农民、商人、文艺工作者、英模后人。由此可见,时代不同,读志用志者不同,则方志的"资治、存史、教化"功能所发挥的实际作用有所不同。因此,认识方志的功能,首先必须要注意到方志功能的内涵、服务对象、实际作用等的变化情况。

其次,不能把方志功能完全等同于方志作用。"方志的功能与方志的作用是有严格的区分的。功能是方志本身具有的能力,作用是方志功能可以产生的社会效益"。① 方志功能只有通过用志实践这个过程或环节,才能体现出来,才能发挥出来;否则,方志功能便只能是方志本身具有的潜能。从这个意义说,"没有用志,志书也只能是书架上的摆设"。②

第三,方志的"三大功能说"存在局限性。众所周知,所谓"资治、存史、教化"三大功能,主要是就政府用志的角度而言的。如前所说,今天,读志用志者早已不限于政府及其工作人员和各级干部,而已形成包括各阶层人民群众的广大读者群,他们是读志用志的主体。不仅如此,一些外国投资者也很看重志书的参考价值,他们从志书中了解投资环境,以确定投资项目。例如,欧共体在来华投资之前,就特地到荷兰—汉学中心查阅中国新编的志书与年鉴。③ 不仅如此,由于读者群扩大了,众多读者又各有所好,各有所求,所以在用志上便呈现出了广泛性和多样性的特点,由此并连带产生了地方志的种种新功能。例如,方志"为'四外'(外经、外贸、外事、外联)工作服务"、"为自然科学和社会科学研究服务",④方志是"开放外联的礼品"、"科学研究的基础"、"统一祖国的桥梁"⑤等。曾有人说,地方志功能"已远远超出了'资政、存史、教育'三大功能",⑥三大功能已"不能完全概括新志书的功能作用",三大功能以外还有"服务(经济)、科研、交流"等功能。⑦

第四,"兴利"是三大功能之外的一个突出功能。前文述及的这些新功能,以及一些人提出的方志发展经济的功能、方志的旅游功能与窗口

---

① 唐文尧:《存史功能是方志的生命》,《上海修志向导》,1989 年第 3 期;转引自《中国方志通鉴》,北京:方志出版社,2010 年,第 1061 页。
② 张景孔:《新志应用论》,《湖北方志》,1994 年第 5 期;《悦堂志论》,天马图书有限公司,2001 年,第 3 页。
③ 张书启:《论地情信息的开发利用》,《中国地方志》,1997 年第 4 期。
④ 张守富:《方志是为现实服务的大舞台》,《中国地方志》,1996 年第 1 期。
⑤ 苑凌云:《县志服务现实十例》,《中国地方志》,1997 年第 4 期。
⑥ 张守富:《方志是为现实服务的大舞台》,《中国地方志》,1996 年第 1 期。
⑦ 郭凤岐:《新方志学理论研究的几个问题》,《方志评论》,天津社会科学院出版社,1994 年,第 102 页。

功能、方志信息源功能等,①都是人们在用志中体现出来的,是不争的事实。但是,这些提法都有不妥之处。如果我们对这些方志的新功能作进一步考察,就不难发现,科技人员利用志书资料设计试验项目;工人利用志书资料改进操作方法、研制新产品;农民利用志书资料科学种田、发展生产,实现致富梦想;商人利用志书改善经营管理、提高经营效益……这些都体现了方志的兴利功能。至于在海峡两岸和世界范围地方志发挥沟通信息和文化交流作用,则是从另一个侧面产生的兴利作用。所以,研究和认识当今社会的地方志功能,应着眼世界,从理性的高度,科学地概括表述。而兴利功能,恰恰是最恰当的理性认识和准确表述。认定方志具有"资治、兴利、存史、教化"四大功能,是符合客观实际的。

第五,方志资料诚然是可贵的,但其中难免有讹误不实的内容,因此,采用方志资料时,必须仔细审核、辨识。这样,才能确保方志功能在方志应用实践中得以正常发挥。1981年7月25日,谭其骧教授在中国地方史志协会成立大会上说:旧"地方志除了少数几部出于名家手笔外,多数是地方官限于朝廷功令,招集地方上的举人、贡生、秀才等一些乡曲陋儒修成的。这些人只会做代圣立言的八股文,根本不懂得著述的体例,不懂得前朝的典章制度,更不会做学问,因此在他们的作品里往往夹杂着许多错误的记载,甚至是错误百出。有些地方志是每修一次便增加若干错误,越修越差,越修越错。"他并且举出四个方面的具体例子,说明旧方志往往不可靠。②这番一针见血的直白警示,虽然是针对旧方志而发,但对我们编纂新方志和方志应用实践,仍不失为金玉良言,具有警示意义。我们在采用旧方志资料时要仔细审核,要辨识其正误是非;在编纂新方志时,要尽量采用真实的材料,以提高和确保新编志书的质量;要实事求是地正确对待新修志书记载的内容,避免盲信盲用。应当清醒地

---

① 见《中国方志通鉴》(下),北京:方志出版社,2010年,第1065~1068页。
② 谭其骧:《地方史志不可偏废,旧志资料不可轻信》,载《中国地方史志论丛》,北京:中华书局,1984年,第12~18页。

认识到,新编地方志虽然总体上质量较好,材料比较可靠,但仍存在一些材料不实、不准确的现象。因此,在方志应用实践中,不论是旧方志材料还是新方志材料,都不可轻信。注意这一点,非常重要,直接影响着方志功能的正常发挥。

第四章　历史上的用志观念和用志实践

用志观念和用志实践,与人们对方志价值和功能的认识密切相关。这种关系,源于先秦儒家的"经世致用"思想。离开了经世致用思想的驱动,地方志便会与社会脱节,失去自身的价值和潜在的功能,发挥不了作用。从历史上看,自古以来,经世致用思想一直左右着人们的用志观念和用志实践,并随着时代的发展和社会的变迁,与时俱进。

一、"经世致用"思想与历代用志观念的关系

"经世致用",意指学问须有益于国事,是我国传统文论的一个基本主张。最初见于春秋时孔子对诗歌的社会效用的概括:"可以兴,可以观,可以群,可以怨。"[①]后世对这种说法作了进一步发挥,例如东汉王充在《论衡·自纪》中提出的"世用"说、明末清初顾炎武在《日知录》中提出的"文章须有益于天下"说,都是经世致用思想的反映和对经世致用思想的演绎。方志学大师章学诚更是极力将经世致用作为史志理论的基本主张,他在《浙东学术》一文里,就四次提到"经世"问题;在《记与戴东原论修志》里指出:"夫修志

---

① 见《论语·阳货》。

者,非示观美,将求其实用也。"所谓"实用",就是"为国史取裁"和"史部要删"①、"为国史羽翼"②、"裨风教"③的经世作用。

基于经世致用思想,所以有人认为:"坚持经世致用是方志事业的立身之本和发展之源,也是在方志领域中贯彻理论(或书本)联系实际这个马克思主义基本原则的应有之义。"④这番论述,既从本质上反映了方志事业发展的历史事实,也明白地指出了当今方志事业继续发展前进的正确方向。

历史事实证明,修志就是为用志,以用志来为治政服务。最初见于记载的《周官·地官》所说的"诵训掌道方志,以诏观事",东汉郑玄注曰:"说四方所识久远之事,以告王观博古所识。"⑤就道出了其时统治者利用方志实施治政的事实。

到了唐代,在经世致用思想驱动下,利用方志为治政服务的观念有了新的发展。李吉甫强调利用方志"佐明王扼天下之吭,制群生之命,收地保势胜之利,示形束壤制之端"⑥;元稹称"衽席之上,欹枕而郡邑可观;游幸之时,倚马而山川尽在","若边上奏报烟尘,陛下便可坐观处所"。⑦这都是主张利用方志为封建国家政治和军事服务的思想观念。唐代史志家们都很强调利用方志为政治服务的经世致用理念,颜师古、李吉甫、刘知几等人还从求实的角度,对中古以来志书记载巧伪失实、繁且滥等不利于经世致用的弊病进行了批评,提出了据实而书、崇实求实的主张。在他们看来,只有内容真实的志书,才能发挥经世致用的效能,才有参考利用的价值。

宋代地方志盛行,形成了比较浓厚的研究方志理论的风气,其中关于用

---

① (清)章学诚:《为张吉甫司马撰〈大名府志〉序》。
② (清)章学诚:《跋〈湖北通志〉检存稿》。
③ (清)章学诚:《答甄秀才论修志第一书》。
④ 韩章训著:《方志接受学基础教程》代序《论经世致用》,杭州出版社,2005年,第1页。
⑤ 《周礼郑氏注》卷第四,地官司徒下。
⑥ (唐)李吉甫:《元和郡县图志自序》。
⑦ (唐)元稹:《进〈西北图经〉状》、《进〈西北边图〉状》,《元氏长庆集》三十五。

志的议论,颇为多见。例如,朱长文就指出:地方志内容丰富,"盖城邑有迁改,政事有损益,户口有登降,不可以不察也"。他直言他自己编纂的《吴郡图经续记》"置诸郡府",就可以"用备咨阅",发挥"质凝滞,根利病,资议政"的作用。① 马光祖认为地方志是"有补于世"的书籍,其中所载的内容有多方面的作用,他说:"忠孝节义,表人才也;版籍登耗,考民力也;甲兵坚瑕,讨军实也;政教修废,察吏治也;古今是非得失之迹,垂劝鉴也。"② 除了这些从"资政"角度审视阐发方志经世致用的论说外,还有人从封建道德思想教育方面谈论读志用志的作用。例如,吴子良所说的"诠评流品,而思励其行","悟劝戒而审趋舍",③ 董弅所说的"承学晚生,览之可以辑睦而还其俗,宦达名流,玩之可以全高风而励名节",④ 都强调了读志用志在道德修养中的警策教育意义。将宋人这些关于方志经世致用的论说,与唐代志家们单纯从政治和军事方面阐述方志经世致用问题相比较,显然可以看出,宋代志家们的视野更为开阔,议论也更加具体切实了,但其认为用志是为封建统治服务的观念,则与唐代是一致的。

元代志家虽然对方志应用问题的议论不多,但从他们对志书作用和修志主张的述说中,仍然可以发现他们对用志的某些见解。例如,杨敬德在《赤城元统志序》里就具体说明:志书中"著星土、辨缠次,而休咎可征矣;奠山川、察形势,而扼塞可知矣;明版籍,任土贡,而取民有制矣;诠人物,崇节义,以彰劝惩,而教化可明矣。"⑤ 郭应木也认为,人们看了志书,会议论"某也仁,某也暴,某也廉,某也贪,某也才,某也阘茸",从而使"闻之者足以戒"。⑥ 杨维贞也说,读了志书后,"不入提封而知其人民、城社、田租、土贡、风俗异

---

① (宋)朱长文:《吴郡图续续记序》。
② (宋)马光祖:《景定建康志序》。
③ (宋)吴子良:《赤城续志序》
④ (宋)董弅:《严州图经序》。
⑤ (明)弘治《赤城新志·典籍》。
⑥ 见清《道光广东通志·艺文略·史部》。

第四章 历史上的用志观念和用志实践

同、户口多少之差"。① 这些论述显然都强调了一个事理,即:方志有这么多资治、教育的作用,值得一读,也是可以利用、应当予以利用的。尤其值得注意的是李好文编纂《长安志图》之举。《长安志图》卷下为"泾渠图说",有泾渠图说序、泾渠总图、富平石川溉田图、泾渠图说、渠堰因革、洪堰制度、用水则例、设立屯田、建言利病、总论等栏目。李好文说,之所以这样编纂,是因为在他看来,"泾渠之利"是"泽被千秋"②的事。也就是说,详细记载泾渠,不仅对当时,而且对后世都是有用、有益的。可见,其经世致用的意向十分明确。所以,清代学者周中孚对该书卷下诸篇曾有"皆为一方民生国计立论"③的评断。这表明,方志的经世致用思想又增添了重视民生实用的内容。

明代政权建立不久,朱元璋便倡导纂修方志,以光耀统一的功绩。继后,成祖在永乐十年(1412)颁布《修志凡例》十六则,④永乐十六年(1418)又颁布了《纂修志书凡例》二十一条。由于皇帝倡导修志,特别强调志书的政治作用,所以,当时人们都把用志的目光投向了政治方面,如宣德年间的翰林院修撰张洪在《重修琴川志序》里就说:方志之书是"为政者不可废"的,"凡山川之险易,土壤之肥瘠,物产之美恶,民庶之多寡,按图考籍,可得而知之也。"而得知这些内容之后,便可以据以计"道里远近,钱粮事民之数",对辖境内人民实行有效的统治和剥削;一旦出现凶荒之岁,则可以移丰济歉;万一发生变乱,也便于及时发兵弭平。⑤ 康海在《朝邑志序》里也强调:志书要能"经世致用",有裨世风治道,使官于此地者"备极其改革,省见其疾苦,景行其已事,察识其政治",乡邦人士读之"足以劝"。⑥ 雍澜在《平阳县志序》里也视方志为"经政之书"。李登更在万历《上元县志后序》里把"经政"作为

---

① (元)郭应木:至正《昆山郡志序》。
② (元)李好文:《长安志图序》。
③ (清)周中孚:《郑堂读书记补逸》卷12。
④ 见傅振伦:《又一件明初重要文献》,《安徽史志通讯》,1984年第2期。
⑤ 见《光绪常昭合志稿》卷末《总序》。
⑥ 黄苇主编:《中国地方志辞典》,合肥:黄山书社,1986年,第635页。

31

方志"三要"中的首要。① 总之,从治政需要谈论方志应用问题,已经成了明代论志者关注的焦点。

清代是地方志发展的鼎盛时期,志家们的方志理论见解或主张有很多歧异之处,但传统的经世致用思想依然占主流地位。张九徵在《重修镇江府志序》中直言:修志是为了"考求经世之学,而不欲徒视一郡掌故之书",在于"求其天下之大计者,以裨久安长治之道"。② 康熙初年卫周祚在《长治县志序》里也认为,地方志应当发挥"天子明目达聪之助,以永扶大一统之治"的政治作用。陆陇其的主张是:方志详载"关系民生休戚"的赋役,宜记实,"凡风云月露之篇,无关地方利病者俱不载",③以利于治政参考。至于章学诚,由于他坚持认为地方志具有历史学范畴的基本性质,而史学是"经世"之学,所以如前所说,他对方志在"为国史取裁"和"裨风教"等方面的"经世"作用,特别强调,特别重视,在他眼里,这都是方志"求其实用"的应有之义。由于他的方志"经世"、"实用"理念只注重人文方面的内容,旨在为当时的封建统治服务,所以,有很大的局限性。

清朝末年,经世致用的修志用志理念依然盛行,如郭嵩焘就说:"郡县之志,非徒以资考证,实亦经世之学也。"④但由于其时"国事不振,外患日亟",所以修志用志的具体实践发生了不同既往的重大变化,在"有识之士"们"提倡新学,以中学为体,西学为用,废科举,兴学堂"的影响下,出现了一种比较通俗简明的地方志——乡土志,被用来作为各地学校的乡土教材。其内容"于历史则讲乡土之大端故事及本地古先名人之事实,于地理则讲乡土之道里、建置及本地先贤之祠庙、遗迹等类,于格致则讲乡土之动物、植物、矿物。凡日用所必需者,使知其作用及名称",以"启迪青年知识、培养其爱乡爱国

---

① 转引自《中国方志通鉴》,北京:方志出版社,2010年,第996页。
② 见《古今图书集成》"地志部汇考九";《重修镇江志序》;转引自王晓岩:《分类选注历代名人论方志》,沈阳:辽宁大学出版社,1986年。第100页。
③ 黄苇主编:《中国地方志辞典》,合肥:黄山书社,1986年,第269页。
④ (清)郭嵩焘:《湘阴县图志跋后》。转引自韩章训:《方志接受学基础教程》代序《论经世致用》,杭州出版社,2005年,第2页。

之情"。①

综上所说可知,在方志事业发展的历史长河中,虽然人们对修志用志有不同的认识,但经世致用的理念一直是人们的共识。

二、民国时期用志观念的变化与发展

辛亥革命以后,民主共和的思想得到了传播,西方科学文化在中国的影响日益扩大,致使修志用志的"经世致用"理念有了新的变化和发展。

民国时期方志"经世致用"理念变化、发展的显著特点,就是注重实用。但是,民国时期的"实用"主张和要求,与清代章学诚的"实用"见解,内涵大不相同。例如,傅振伦民国十八年(1929)草拟的新修《北平志类目》八条志例中,第一条至第五条分别为:宜略古详今,侧重现代;宜博采详志,注重实用;宜特详悉于社会方面;宜偏重于物质方面;宜广辟类目,注重科学。② 这些内容,既明示了"实用"之旨,又具体提出了"实用"的方方面面和记载要求,很便于操作。另一位方志学家寿鹏飞,也在民国三十年(1941)铅印本《方志通义》中提出:编纂志书首先要确定志义(即志书编纂的宗旨和要求),而志义必须为民立言,"务在有裨地方风俗民生";接着又提出"有关民生实用,痛若利弊,虽小必志;既志,又必详而尽焉"的编纂原则。在资料的选择上,他要求:"凡不属于民生休戚地方利病者",从略;"不当于治道者",不录。③ 而方志学家吴宗慈,更以《修志以实用为归》的题目撰文,提出了"修志所以期实用也"的见解,并将实用的内容分为精神和物质两个方面,说明"属于精神方面者,如金石、考古、氏族、语言与各种有价值之文献是;属于物质方面者,如水利、物产、地质等类是"。④ 傅、寿、吴三位方志学家都重视方志对民生实用的记载,具有民主、共和、科学的新时代的色彩,这样的"实用"主

---

① 《傅振伦方志论著述》,杭州:浙江人民出版社,1992年,第208页。
② 傅振伦:《中国方志学通论》,北京:燕山出版社,1988年,第105页。
③ 见《中国方志通鉴》(下),北京:方志出版社,2010年,第1568页。
④ 见朱士嘉:《中国旧志名家论选》,《史志文萃》编辑部印,1986年,第148页。

张,显然与封建时代志家们把经世致用局限于为封建统治服务不同,有了很大的进步,这是社会发展、时代进步在修志用志方面的真实反映。

民国时期方志学家甘鹏云在其所著《方志商》里,详述了他对志书记载内容的看法,他认为志书记述应当"专详民事",举凡"社会之变迁,经济之状况,人民之生活,政治之设施,皆宜所详"。他提出志书应当"据实直书"、详细记述民事内容,其中"最要者"包括"户口之盛衰,田亩之确数,族姓之源流、风俗、习惯、礼教之沿革,宗教之区别,农、工、商、矿、林、渔、畜牧之状况,人民担负之赋课、税捐,逐年外货输入、土货输出之确数,近六十年田价、物价、工价之比较,近六十年所遭之水旱天灾,因官帖倒塌所受之损失,因匪祸、兵祸所遭之损害,鸦片流毒及无业游民之统计、学校及学生之统计、警察及国防之统计、自治之实况、人民购买力之强弱、社会经济及社会变迁之情况"。① 这些志书记载内容,虽未明言为"实用",但无不关涉实用。

提出以修志为抗日服务的方志学家黎锦熙在《方志今议》一书中指出:修志应当按"时代所需"行事,"广四用"。他所说的"四用"的内容是:①科学资源(地质、土壤、山势、水文、气候、生物);②地方年鉴(物质状况、经济情形、人事习俗、社会组织、政治进展、人物分布);③教学材料(乡土教材);④旅行指导。② 这"四用"内容中的"科学资源"、"旅行指导"是符合时代的新增加的内容,十分可贵。

马克思主义唯物史观认为存在决定意识。"经世致用"思想的特点是既有历史传承性,又与各个历史时期的社会存在紧密关联,且随时代发展而发展,随社会的变化而变化。因此,不同时代、不同社会、不同阶级阶层的人用志,其产生的社会效应也会有差别,甚至大相径庭。在封建时代,地方志的经世致用,只能是为封建统治阶级服务。在民国时期,尽管经世致用的内容有了新的拓展,但政权仍然掌握在少数人手里,广大人民群众既没有权力,

---

① 林衍经:《方志学综论》,上海:华东师范大学出版社,1988年,第88~89页,2008年(第二版),第86页。

② 黎锦熙:《方志今议》,北京:中国展望出版社,1982年,第5~6页。

也因文化水平所限,因而根本谈不上读志用志,利用方志资源为自身利益和社会的发展服务;只有学术界的一些人士,有可能利用志书记载的内容,进行某些方面的研究。

三、历代用志情况概说

史书中关于用志的记载很少,虽然《史记·萧相国世家》,记载了公元前207年刘邦军入咸阳时,萧何"收秦丞相御史律令图书藏之",因而"具知天下阨塞,户口多少,强弱之处,民所疾苦",但至于后来怎么使用这些资料,产生了怎样的作用,却未见记载。其后历朝历代在治政和军事方面利用地方志的情况,也大致如此。

唐代大文学家韩愈曾有一段这样的经历:元和十四年(819)正月,他因上奏表谏阻宪宗李纯奉迎佛骨,获罪被贬到当时"瘴气溢被"的岭南边远小邑潮州,任刺史之职。在离开京师长安(今陕西省西安市)之前,为了解潮州的地情民风,便借了《潮州图经》(即潮州志)来阅读。赴任途中到了韶州地界,又向当地官府借《韶州图经》来看,说是"曲江山水闻来久,恐不知名访倍难,愿借图经将入界,每逢佳处便开看"。韩愈第一次借图经的目的是为赴任前了解任地辖境的历史沿革、疆域形胜、人口贡赋、风土民情等,利用方志助益治政的意图可以由此显见;第二次目的则是单纯为了欣赏"佳处"风光,以之作为导游之资。

南宋哲学家、教育家朱熹淳熙六年(1179)知南康郡(治所在今江西省星子县)时,当地属官们为了迎接他的到来,备了很多礼物和酒席,还远远地跪接。但朱熹一下轿便张口索要志书看,心急火燎地想从当地的志书中了解地情实际,以应治政之需。由此不难推知,朱熹将地方志视为资治之物,用于治政实践,当是毋庸置疑的。

明代著名地理学家、大旅行家徐霞客更是重视地方志书的作用。他从万历三十五年(1607)起,到崇祯十三年(1640)止,用了30多年时间,只身遍游了祖国各地,足迹及于江苏、安徽、浙江、山东、河北、河南、山西、陕西、福建、江西、湖北、湖南、广东、广西、贵州、云南等16省。在旅游过程中,每到一地,都很注意利用地方志书为自己的旅游考察服务,并以亲身经历纠正志书中的讹误和不实之处。这种既重视利用地方志书,又注意修正志书错误的实事求是态度,为后人的读志用志作了表率。对此,清初学者潘耒大加称赞,他说徐霞客将"向来山经地志之误,厘正无遗"。①

清初学者顾炎武,怀经世致用的抱负,历时20余年,搜集全国各地有关地形、关隘、赋税、水利、交通、矿产、农政、手工业、倭寇等资料,于康熙元年(1662)编集成《天下郡国利病书》120卷,"其目的是通过这部巨著向人们、尤其是向政府当局,提供全国各地'利病'(好与坏)的真实情况,希望他们留心民间疾苦,赈救灾害,肃清宿弊,提高生产,使国家逐步富强起来"。在编写过程中,大量引用了地方志资料,征引的方志不下1000多部,书中采用的资料三分之一都来自方志。著名方志学家朱士嘉称顾炎武"开创了一条综合研究和利用地方志的广阔道路"。他称赞"像顾炎武这样如此大规模地利用地方志进行综合研究,在我国乃是空前第一个人"。②

民国时期,近代著名地质学家章鸿钊,充分利用汉代至民国的正史历代地理志、各地地方志及全国总志的有关资料,了解我国的矿藏情况,并"择其尤切要者,精探而详究之",以"为今日起跋振蹶之大用"。经过多年的努力,约于民国二十六年(1937)辑录成了《古矿录》书稿。这是利用地方志资料为科学研究服务的例子。中华人民共和国成立后,书稿经修订补辑,由地质出版社于1954年出版。③ 著名学者顾颉刚鉴于20世纪30年代国人很少真正利用方志资料进行学术研究的现象,曾感叹:"如此缜密系统之记载,顾无人焉能充分应用之,非学术界一大憾事耶?"为此,他呼吁有关学者重视对地方志这一历史文献的利用。他自己也充分利用方志资料进行学术研究,其中

---

① (清)潘耒:《遂初堂集》卷七,《徐霞客游记序》。转引自《中国方志通鉴》(下),北京:方志出版社,2010年,第1614页。
② 朱士嘉:《顾炎武整理研究地方志的成就》,《文献》,1981年第7辑。李泽主编:《朱士嘉方志文集》,北京:燕山出版社,1991年,第105~107页。
③ 参见来新夏主编:《中国地方志综览》,合肥:黄山书社,1988年,第300页。

不少论著都与方志有关。①

以上所述表明"经世致用"始终是历代人们修志用志的主导思想。同时也表明,坚持经世致用原则是方志事业发展的关键。当今时代,我们仍应坚持贯彻这个原则,大力开展读志用志活动,充分发挥地方志的潜在价值,为现实社会各项事业的建设和发展服务。

从历史上用志的情况来看,用志的目的主要是资政辅治,还为旅游、科学考察、学术研究服务。这就启示我们要面向现实用好地方志,从现实出发开拓地方志的用途,是我们应当努力的方向。这样,地方志的作用才能得到较好的发挥,价值才能得到较好的体现。

今天,我们面临着社会主义现代化建设的艰巨任务。因此,如何利用地方志资料为社会主义建设事业服务,使地方志资料在新时代里充分发挥作用,流光溢彩,是当今方志界应当认真研究的一个重要课题。

我们必须采取必要的措施,分门别类地整理、编录各种方志资料,并提供给相关部门采择应用。这样,方志资料的应用将更加方便,利用率也会大大提高,地方志为社会主义现代化建设服务的作用也会得到充分发挥。各地地方志工作机构应以主动积极的态度,坚持做好宣传推动工作,并尽可能地向有关部门、单位和个人提供相应的资料,做好服务工作。

---

① 参见黄苇主编:《中国地方志辞典》,合肥:黄山书社,1986年,第333~334页。

第五章　新中国的读志用志活动

中华人民共和国成立后,党和国家十分重视开展读志用志活动。人们在"古为今用"和"修志为用"方针指导下广泛开展了旨在为两个文明建设服务的读志用志活动,并取得了丰硕成果。这是新中国地方志事业发展的重要特点之一。

修志、读志、用志是紧密联系在一起的,没有修志就谈不上读志、用志,修好方志如果不读、不用,就发挥不了作用,体现不了价值。读志用志活动提高了人们对修志工作的认识,不但有利于应用方志为两个文明建设服务,也有利于促进修志工作的开展和志书质量的提高。

新中国开展的读志用志活动及其取得的成就,给传统的经世致用思想增添了新的光彩,为中国方志史谱写了一页新的篇章。

一、1979年以前读志用志活动的初步开展

新中国读志用志活动的开展,得益于党和国家领导人的关心和倡导。毛泽东不仅是读志用志的倡导者,更是一个身体力行的榜样和典范。他在年轻时,就曾熟读了清初学者顾祖禹的《读史方舆纪要》,浏览了不少地方志书。在战火纷飞、戎马倥偬的革命斗争岁月里,每解放一座县城,他总喜欢找当地的县志来看看。例如,民国十八年(1929)红军攻下兴国县城,他就去

第五章　新中国的读志用志活动

图书馆读《兴国县志》。在瑞金时,他得到清代续修的一部八卷《瑞金县志》,如获至宝,不知疲倦地挑灯夜读。长征途中,一次部队打了大胜仗,夜间宿营时,他问秘书有没有如州志、县志等之类的战利品,总想从战利品中找到志书来看。在烽火连天、硝烟弥漫的抗日战争时期,以他为首的中共中央在《关于调查研究的决定》中还明确指出,要注意"收集县志、府志、省志、家谱,加以研究"。①

中国革命胜利后,毛泽东主席读志用志的兴趣依然如昔,且有增无减,凡外出到某省之前,总要预先将那个省的省志(即通志)及某些县的县志翻阅一通。1958年3月,中共中央工作会议在四川成都举行。"3月4日,毛泽东主席刚到成都,立即调《四川通志》、《华阳国志》、《蜀本纪》、《灌县志》等一批志书来阅读。后又读了《都江水利述要》、《武侯祠志》等。会议期间,他还选取了其中部分内容印发给与会领导,要求他们利用地方志,提高领导水平,并提出全国各地要编修地方志"。② 1959年6月30日,他在庐山主持中央政治局会议和八届八中全会期间,借阅了吴宗慈编的民国《庐山志》和续志稿,认为"这部续志很好,对了解现代历史有参考价值"。③ 视察汕头时,他索要了《汕头县志》、《潮州府志》来读。到了无锡,他当晚就浏览了《无锡县志》。

毛泽东主席如此重视和坚持读志用志的目的显然在于从志书中调查地情,以便更好地从当地实际情况出发指导工作,因为在他看来,"没有调查是不可能有发言权的"。④ "不论做什么事,不懂得那件事的情形,它的性质,它和它以外的事物的关联,就不知道那件事的规律,就不知道如何去做,就不

---

① 董一博:《发掘、整理方志资料是两个文明建设的当务之急》,载《董一搏方志论文集》,开封:河南大学出版社,1989年,第170页。
② 诸葛计:《中国方志五十年史事录》,北京:方志出版社,2002年,第10页。
③ 《中国方志通鉴》编委会:《中国方志通鉴》(上),北京:方志出版社,2010年,第198页。
④ 毛泽东:《〈农村调查〉的序言和跋》,载《毛泽东选集》第3卷,北京:人民出版社,1966年,第791页。

能做好那件事"。①

和毛泽东主席一样,周恩来总理也非常重视读志用志。1958年8月9日,他在北戴河同正在那里休养的北京大学图书馆学系邓衍林教授交谈,谈话中就明确指出:"我国是一个文化悠久的大国,各县都编有县志。县志中就保存了不少各地经济建设的有用资料,可是查找起来就非常困难。所以,我们除编印全国所藏方志目录外,还要系统地整理县志中及其他书籍中有关科学技术的资料,做到古为今用。"②

1959年4月29日,周恩来总理在中国人民政治协商会议全国委员会为年满60岁的政协委员举行的茶话会上发表的讲话中,又一次明确指出:"对过去的东西也需要研究,新的东西总是在旧的基础上发展起来的。过去编的府志、县志,保留了许多有用的资料。"③

1961年夏天,中共中央工作会议在江西省庐山召开,会议期间,一天,他在庐山脚下农村视察,休息时,阅读了吴宗慈主编的《庐山志》,他对庐山党委宣传部部长厚万仁说:"你们这些庐山的父母官,就是要多看看历史书籍。这部《庐山志》就是一部好书。只有了解当地的历史,指导、借鉴当今的工作,才能为人民办好事啊!"④

党和国家领导人倡导并身体力行地读志用志,对全社会产生了巨大的影响,引起了广泛的社会关注,各地高等院校、科研院所图书馆、档案馆,为便于人们读志用志查阅的需要,相继编出了一批馆藏方志目录。对方志资料的辑录汇编也得到了高度重视,并产生了一大批成果。据来新夏主编的

---

① 毛泽东:《中国革命战争的战略问题》,载《毛泽东选集》第1卷,北京:人民出版社,1966年,第163~164页。

② 转引自浙江省地方志编辑室编:《修志须知》,杭州:浙江人民出版社,1986年,第3页。

③ 周恩来:《把知识和经验留给后代》,载《周恩来选集》(下卷),北京:人民出版社,1984年,第297页。

④ 《中国方志通鉴》编委会:《中国方志通鉴》(上册),北京:方志出版社,2010年,第203页。

《中国地方志综览》、诸葛计所著的《中国方志五十年史事录》、中国地方志指导小组办公室编的《中国方志通鉴》等书所载,到1979年面世的方志资料类编,主要有以下数种:

《中国地震资料年表》(上、下),内容涉及从公元前12世纪到1955年间的1180次大地震。所引据的8000余种文献中,地方志占了5600多种。该书于1956年由中国科学院地震工作委员会编辑出版。

中国农业科学院中国农业遗产研究室编写了《方志综合资料》、《地方志分类资料》、《地方志物产》。1956年至1959年,该研究室从全国各地旧志中搜集辑录了3600余万字的农业资料,分三类整理。《方志综合资料》为第一类,记载各地农业生产、农业技术、人口、土地制度、农作物产量、贡赋等历史资料。《地方志分类资源》为第二类,按土壤、肥料及土地利用、作物栽培、气候节令、荒政及垦荒、家畜和家禽类型、品种及饲养管理方法,以及蚕、茶叶、水产、渔业等15类著录。《地方志物产》为第三类,详记各地物产资料。

1961年,中华书局出版了由上海市文物保管委员会辑录的《上海市地方志物产资料汇辑》。

辽宁省图书馆于1961年利用方志及其他资料编成《辽河、大小凌河水灾资料要辑》,辑录了1031年至1914年间的水灾资料。该馆后来又辑录了《辽宁矿藏录》、《辽宁农业历史资料辑录》等。

广东省文史研究馆于1961年12月编印了《广东省自然灾害史料》。正文分水灾记录、旱灾记录、风灾记录、饥灾记录几个大类,附各朝代各地区丰年粮价表。1963年9月重印时,增补了广西苍梧县及香港、澳门的自然灾害史料。

北京天文台负责组织编写了《地方志中天象记录的记录和研究》。1974年底,中国科学院、教育部、国家文物管理局等开会,决定编写《中国古代天象记录总集》(原称"总表")、《中国天文史料汇编》和《中国地方志联合目录》。1975年5月开始,参与者全国达300人,查阅了15万卷史书、全国地方志及其他古籍,收集了截至1911年的有关太阳黑子、极光、陨石、日食、月食、月掩行星、新星和超新星、彗星、流星雨、流星等记录资料,历时3年而成。

《山东地震资料》由山东省图书馆1976年编印,辑录了山东旧志中的地震资料。

《山东历代自然灾害志》由山东省农业科学院情报资料室赵传辑集,1978年编印。辑录了山东旧志中有关灾害资料,内容分为雨水、干旱、虫害、稼病、饥荒、地震、海潮7类。

在这一时期内辑录汇编并于其后印行的,还有《广东省地震史料汇编》、《广西壮族自治区近五百年气候历史资料》、《河南地震历史资料》、《四川地震资料汇编》等。

学者们在科学研究中,也都很注意利用方志里的资料。例如,著名学者郭沫若1961年5月在写作《武则天生在广元的根据》时,就曾仔细地翻阅过新旧《广元县志》;在1971年出版的《李白与杜甫》一书中,引用了《庐山志》、《夔州图经》、《长安志》、《陕西通志》、《华阳国志》、《益都谈资》等志书中的资料。

历史地理学家陈桥驿教授,也经常大量地利用旧方志资料撰写学术论文,堪称是应用方志的大家。20世纪60年代,他在《地理学报》发表的论文《古代鉴湖兴废与山会平原农田水利》,就用了大量方志素材,仅脚注所见就有30多处;另一篇题为《古代绍兴地区天然森林的破坏及其对农业的影响》的论文,在脚注中,引用的地方志资料更多达50处。

以上所述反映了三个事实:

第一,读志用志活动已经初步开展起来,其规模是历史上任何时期都不能比的。之所以有这样的崭新局面出现,是党和国家领导人倡导和身体力行的积极影响所致。

第二,方志"古为今用"的指导思想十分明确,即利用方志资料为人民当家作主的国家建设服务,为人民大众谋利益。这是新中国方志应用的一大特点。

第五章 新中国的读志用志活动

第三,读志用志基本上局限于辑录类编各种方志资料和为科学研究服务方面,参与者也多为相关部门人员,因而关涉的范围、产生的效果都有限。存在这种状况,主要有两个原因:一是事物发展本身总是由小到大,逐步演进的,短时期内很难产生显著成效;二是 50 年代末 60 年代初我国处在经济困难时期,加之其后的"文革"动乱和破坏,使读志用志活动的进一步发展受到严重阻碍。

20 世纪五六十年代的读志用志活动,是一个良好的开端。中国共产党十一届三中全会以后的读志用志活动,正是在这一基础上再次兴发,并取得令人瞩目的成就的。

二、1979 年以后读志用志活动的再兴和盛行

"文革"结束,特别是中国共产党十一届三中全会以后,我国面临着百废待兴的局面。其间,逐步开展了编修社会主义新方志的活动,掀起了"方志热"。随后,自 80 年代中期首批新修方志面世开始,开发和利用方志资源为改革开放和社会主义两个文明建设服务的读志用志活动再次兴起和盛行,地方志工作出现了前所未有的勃勃生机。

1980 年 10 月 21 日至 25 日,中国地方志研究会筹备工作会议在天津召开。会议提出了对旧的地方志加以科学的整理出版,以为当前的社会主义现代化建设服务的建议。

1983 年 4 月 8 日,中国地方志指导小组(以下称"中指组")正式成立。第二年 3 月下旬,便在天津召开了旧方志整理工作会议,讨论旧志整理如何为"四化"建设服务等问题。① 1985 年 5 月 8 日至 14 日,中指组旧志整理工作委员会第三次会议在杭州举行,讨论了"七五"规划期间旧志的整理工作问题,强调"七五"期间要继续完成自然灾害资料、矿藏资料、渔业畜牧业资料、水利资料、科技资料、土特产资料、名胜古迹资料、人物资料等的类编

---

① "四化":指农业、工业、国防和科学技术现代化。

工作。

随着修志工作的广泛开展,修志工作为现实服务的问题也提上了议程。1990年,全国地方志工作会议在哈尔滨举行。会议提出:"在地情资料的基础上,向当地党政领导和有关部门提供决策资料和咨询服务","已出版的志书要充分发挥社会效益","利用志书进行国情教育、传统教育、爱国主义教育、热爱家乡的教育"。

1992年9月中旬在长春市举行的全国地方志工作会议,强调地方志工作机构要发挥自身的优势,主动为现实服务,并且指出:"在这方面,地方志应该,而且也是可以有所作为的。"第二年7月在泰安市召开了全国地方志工作座谈会,与会者认为:地方志机构除了提供地情服务、开展地情教育,还应当做好志书发行和推动读志、用志工作。

1998年1月举行的中指组二届五次会议,还作出了当年要大力开展用志活动的决定,并要求充分利用各种新闻媒介向全社会宣传新编的地方志,积极运用现代化信息技术手段开发地方志电子版和地情数据库。1999年9月召开的中指组二届六次会议,把"进一步推动对方志的开发利用工作,充分发挥它的社会效应",作为2000年的工作内容,并要求"各地方志办要订出规划,切实做好几件实事"。

在这一系列会议的持续推动下,"方志资源"开发利用、地方志为现实服务的工作,再度兴起并逐步发展,成为广泛的社会性的活动。其间,1995年7月,中共中央政治局委员、国务委员李铁映同志出任中指组组长。他在抓好修志工作的同时,也兼顾推动读志用志活动,并为此多次在一些重要会议上发表讲话,反复强调读志用志问题,要求做好对方志资源的开发利用工作,为社会主义两个文明建设服务。下面是他的六次讲话的主要内容摘要。

1996年5月,李铁映同志在全国地方志第二次工作会议上指示:

"修志为用,用志方法要改革。要指导社会用志,为两个文明建设和改革开放事业服务。要帮助政府决策,提供咨询。要广为宣传,向社会普遍发行,发挥其更大的社会效益,推动社会事业的发展。志书的作用决定修志的地位和事业的发展。有条件的地方可以筹建方志馆,一般地区也可以在图书馆设志书室……用志是新时代方志事业的新特点、新发展,用志是服务当代、以志为鉴的重要任务。"①

1997年8月,他在全国地方志颁奖大会上讲话,强调指出:

"修志的目的在于用志,不仅为当代人用,也为后代人用。"②

1999年9月在中指组二届六次会议上,李铁映同志讲话时指出:

"志书是全面、系统地反映地情、国情的资料库。充分地开发利用这一宝库,可以给社会各个方面提供广泛的服务,这也是方志界义不容辞的责任。"③

2000年4月20日,李铁映同志再次强调指出:

"地方志是很有价值、内容很丰富的地情书,要充分加以利用。"④

2001年12月20日,李铁映同志在全国地方志第三次工作会议上说:

"修志的目的在于用志……唯有用志,当代人用志,后代人用志,才能体现志书的价值,才能资政,才能利民,才能检验志书的优劣、真伪和正误。有志不用,就失去了它的实践性,也就失去了实践标准,那它就只是纂修人员自我欣赏的东西,而不能成为社会的公利之物。"⑤

2003年1月8日,李铁映同志在中指组三届二次会议上讲话。他说:

"使用志书是进一步提高志书质量的重要环节,要将用志摆在

---

① 李铁映:《求真存实,修志资治,服务当代,垂鉴后代》,《中国地方志》1996年,第3~4期合刊。
② 见《中国地方志》1997年第5期。
③ 诸葛计:《中国方志五十年史事录》,北京:方志出版社,2002年,第765页。
④ 见《中国地方志》2000年第3期。
⑤ 见《中国地方志》2002年第1期。

与修志同等重要的位置上,不断开发方志资源,改进用志手段,拓宽方志服务领域,加大用志工作力度。"①

李铁映同志的这一系列讲话和指示,阐述了用志的必要性和重要意义、修志与用志的关系,提出了改革用志方法的要求。在全国引起了强烈反响,使重修志轻用志的倾向得到及时改正,使读志用志和开发利用方志资源为两个文明建设和改革开放服务的活动轰轰烈烈地开展起来。据《中国地方志》2000年增刊刊登的诸葛计辑录的《新编地方志资源开发利用集例》统计,有"为各级领导决策作参考"的61例,"为开发地方资源提供线索"的100例,"为招商引资、发展经济引线搭桥"的27例,"为申报项目做贡献"的23例,"为城市布局和工程设置选址、建设出谋划策"的21例,"为防灾、抗灾、救灾服务"的27例,"促进环境治理,保护生态平衡"的12例,"为落实政策、解决历史疑难问题提供资料"的29例,"提供爱国主义、革命传统和乡土教育的教材"27例,"联系海外侨胞、港澳台胞的感情,推动祖国统一"的52例,"联系乡友,增进友情,开发人才资源"的17例,"沟通中外联系,增进友好往来"的10例,"推动科学研究工作"的135例,"社会各界人士与方志"41例。中指组办公室编、方志出版社2010年出版的《中国方志通鉴》,在"开发利用"部分分类选取了有代表性的事例共249例,其中"资治辅政"事例48则,"为地方经济建设服务"的事例75则,"促进社会主义精神文明建设"的事例38则,"推动有关项目申报工作"的事例17则,"推动研究工作"的事例43则,"推动对港、澳、台地区文化交流"的事例10则,"推动对外文化交流"的事例18则。这许许多多的用志事例,无不与国家和地方的各项建设与经济发展及社会进步有关,与广大人民的利益密切相关,体现了"人民的方志人民用"的本质和特点,有着与封建时代用志截然不同的性质。

此外,在这一时期,各地还在整理旧志和类编各种方志资料方面,做了

---

① 见《中国地方志指导小组三届二次会议纪要》,《中国地方志》2003年第2期。

第五章　新中国的读志用志活动

大量工作,取得了一大批成果。

在广泛开展的群众性读志用志活动中,产生了许多好的做法,积累了许多有益的经验。这些做法和经验,引起了方志界的关注。从20世纪90年代开始,各种读志用志经验交流、研讨活动蓬勃开展。例如,1998年1月,中指组召开二届五次会议,要求"各地区地方志办公室要认真总结如何发挥新编地方志在两个文明建设中的作用的经验"。再如,1998年12月召开的全国地方志工作会议、1999年11月中国地方志协会举办的"全国读志理论研讨会"、2001年全国地方志第三次工作会议、2005年9月中指组主办的全国读志用志工作经验交流会等所进行的经验交流,都影响深广。地方上开展读志用志活动经验交流的,如1998年3月海南省召开的读志用志座谈会、2000年末广东省在肇庆召开的全省用志工作现场会等,都交流了读志用志工作经验,在本地区产生了积极的影响。

值得一提的是,不仅中指组、中国地方志协会和各地地方志工作机构重视读志用志活动及其经验的总结和交流,民间研究机构也对此表现出了热情。1994年5月23～27日,华夏地方志研究所举办的第四次市县志研讨会,就主要研讨了地方志的社会利用问题,具体讨论了为什么要把对方志利用的研究和宣传放在"志后工程"的首位、怎样利用志书为现实服务、把"用"字贯穿于编纂志书的过程中等问题;并提出:要正确地、实事求是地认识地方志的功能和作用,要区别现实利用与长期利用、直接利用与间接利用、主要利用与参考利用、综合利用与分散利用的关系。①

《中国地方志》等方志刊物开辟专栏,组织讨论方志资源开发利用问题,对促进读志用志活动的开展和活跃方志应用理论研究的学术气氛,也起到了推波助澜的作用。

1979年以来的读志用志活动的再兴和盛行,充分反映了改革开放时代的方志事业的欣欣向荣。

---

① 诸葛计:《中国方志五十年史事录》,北京:方志出版社,2002年,第502～503页。

生活是一部教科书,历史是一面镜子。读志用志活动的再兴和盛行,令人振奋,也发人深思。这是在社会稳定、经济发展、领导重视、各方需要的诸多因素综合作用下出现的。有这样良好的条件,我们应当备加珍惜,继续努力,把读志用志活动开展得更好,力争使我们的修志用志事业在为两个文明建设的服务中,做出新的更大的贡献。

第六章 方志工作机构与方志应用

长时期以来,在一般人的印象中,地方志工作机构是专门负责编修地方志的。这当然没有错,但不完全正确。在社会主义新时代里,地方志工作机构担负着编修新方志、整理旧方志、编辑地方年鉴、推动社会用志和开发方志资源为社会主义现代化建设服务的多种职责。要言之,修志和用志是地方工作机构担负的双重任务。如何在"修志为用"、"修用结合"的前提下,处理好二者的关系,做好修志工作,也做好方志应用工作,是方志理论研究面对的一个重要课题,当然也是方志应用学应当探索研究的重要内容。

一、方志工作机构的职责

修志要有修志的机构专司其事。在宋代以前的史料中,只见有修志之人和事的记载,没有相应的官家修志机构的记载。

隋文帝时,为杜绝私家修史,于开皇十三年(593)五月下诏:"人间有撰集国史、臧否人物者,皆令禁绝。"①私家编修史志行为被禁止,自然便只有官修史志之书了。炀帝即位后,大业中"普诏天下诸郡,条其风俗、物产、地图

---

① 《隋书·高祖纪》。

上于尚书"①,并组织人员编撰了《区宇图志》等总志,是为官修之志之始。

唐朝建立后,太宗李世民批准其四子李泰编纂总志《括地志》的请求。德宗建中元年(780)十一月二十九日下令:"诸州图每三年一送职方,今政至五年一送。"②

从隋唐皇帝关于修志的诏令和其时编撰志书的事实记载来看,官修志书是肯定的,但是否建立了相应的修志机构,则不得而知。

宋代对地方志十分重视,"北宋八位皇帝中,有七位皇帝先后20多次诏修、检阅、察问、嘉奖或宣示方志与舆图"。③从明确的记载来看,修志机构之设,始于徽宗大观元年(1107)的"九域图志局",有人认为这是开了后世国家设局修志的先河。④

清朝建立,地方志进入了兴盛时期。康熙十一年(1672年),保和殿大学士卫周祚奏请要求各省纂修通志,以备汇纂《大清一统志》之用。康熙帝采纳了这个建议,并于康熙二十二年(1683年)诏令各地设局修志,限期成书。于是,地方设置修志机构便成了官方之制。

民国初期,一些地区也成立了修志机构,袁世凯下台前建立的有黑龙江、浙江、山东、广东四省的修志机构。北洋政府时期,陕西、福建、江苏、贵州、河南等省设局修志。⑤民国十八年(1929),内部政颁布了《修志事例概要》,要求各省设通志馆、县设县志馆修志,大部分省、市都成立了修志机构。

自宋代以来,所有官家方志工作机构都有一个共同点,就是专司修志,任务很单纯。

1949年,蒋介石踞守台湾。1952年6月,台北市文献委员会成立,负责市志编纂、市志文献专刊及文献资料的收集和保管等项事宜。至1953年

---

① 《玉海》卷十五《隋区宇图志》条。
② 《唐会要》卷五九《兵部职方员外郎》条。
③ 刘纬毅等:《中国方志史》,太原:三晋出版社,2010年,第117页。
④ 黄鼎:乾道《四明图经·序》。
⑤ 刘纬毅等:《中国方志史》,太原:三晋出版社,2010年,第284～285页。

底,台湾全省各县文献委员会均告成立,着手编修市、县志。[①] 作为方志工作机构的文献委员会,仍是专事修志。

中华人民共和国成立后,随着国民经济的恢复和逐步好转,社会发展进步,方志工作也提上了日程。1956年3月,湖北省以文史资料研究院为主体,成立省方志编纂委员会,主编各县简志。湖北是新中国成立后建立修志机构最早的省份。同年,国务院科学规划委员会下设了地方志小组,以加强对各地修志工作的指导。后因科委的社会科学部分并入中国科学院,地方志小组随之转入,成为中国科学院地方志小组。此后,在中共中央宣传部领导下,由中国科学院哲学社会科学部和国家档案局共同组成了中国地方志小组,具体负责全国地方志编修工作的组织领导任务。在中国地方志小组组织领导下,新中国历史上兴起了第一次编修新方志的热潮。据国家档案局1960年调查,全国有20多个省、市、自治区和530多个县进行地方志的编修工作。后因"文革",修志机构解体,修志人员离散,修志工作被迫中断,读志用志也就无从谈起了。

"文革"结束后,百废待兴。在1980年4月中国史学会代表大会上,胡乔木同志提出要用新的观点、新的方法、新的资料和新的体例编修新方志。这一呼吁获得了广泛响应和支持。于是,1981年8月,正式成立了中国地方史志协会。[②] 在成立大会上,各省市代表一致要求恢复因"文革"而中断的中国地方志小组。经中央领导同志批示,原中国地方志小组改为"中国地方志指导小组",划归中国社会科学院领导,于1983年4月正式成立。自胡乔木同志倡议新编地方志以后,全国各省(市、自治区)和地(市)、县也先后建立了地方志编纂委员会,设立办公室,开始了修志工作。

1985年4月19日,中国地方志指导小组全体会议讨论通过《新编地方志工作暂行规定》,其中第十七条、第十八条分别规定:中国地方志指导小组

[①] 诸葛计:《中国方志五十年史事录》,北京:方志出版社,2002年。第2~3页。
[②] 根据民政部2012年6月4日《关于中国地方志协会更名为中国地方志学会的批复》(民函[2012]179号),中国地方志协会正式更名为中国地方志学会。

方志应用学探论

负责指导全国修志工作,主要任务是从政策上、业务上指导各地修志工作,定期向中央和国务院反映情况,对修志中涉及的重大方针政策问题要及时请示报告,并负责拟定编修新地方志和整理旧地方志的规划,制订并颁布新编地方志工作暂行规定,组织交流修志工作经验。各地编纂委员会及其常设机构的主要任务是:负责制定地方修志规划,组织和指导编纂各级志书,抓重点项目,进行分类指导;组织整理当地旧志资料为编纂新方志服务,为下届续修志书积累资料;编辑出版地方年鉴、概况,及时向地方领导机关提供参考资料,以利决策。这些内容说明,我国的方志工作不仅增加了整理旧志的任务,还要及时向地方领导机关提供决策参考的资料,方志应用已经成为各地方志工作机构的重大职责之一。

1997年5月8日,中国地方志指导小组颁发《关于地方志编纂工作的规定》,在第七条中明确提出了各级修志机构有"提供地情咨询服务、编纂地情丛书"等方面的任务。

2006年5月18日,国务院公布施行《地方志工作条例》(以下简称《条例》)。《条例》的第一条,提出了"科学、合理地开发利用地方志,发挥地方志在促进经济社会发展中的作用";第五条规定县级以上地方志工作机构的职责之一,是"组织开发利用地方志资源";第十六条还具体规定:"地方志工作应当为地方经济社会的全面发展服务。县级以上地方人民政府负责地方志工作的机构应当积极开拓社会用志途径,可以通过建设资料库、网站等方式,加强地方志工作的信息化建设。公民、法人和其他组织可以利用上述资料库、网站查询、摘抄地方志。"这一条例的颁布施行,在中国方志史上意义十分重大,标志着我国地方志工作步入了法制化的道路。《条例》确定了编纂地方志和开发利用地方志资源为经济社会发展服务的方针,规定了地方志工作机构的职责任务等。

《地方志工作条例》的内容令人耳目一新,使地方志工作有法可依。《条例》一公布,便受到了全国方志界的热烈欢迎。朱佳木说:《条例》"主动引导读者读志用志,把开发利用地方志资源作为地方志工作机构的工作职责",

这是对"新编地方志以来的创新。"①

目前,各地大多数方志工作机构的名称、组织和人员配置,与所担负的职责和应承担的任务不相称。首先,"地方志编纂委员会"这个机构名称,就显然没有包含开发利用地方志资源的职责或任务,名不副实。因此,有必要将各地的方志工作机构改名为"地方志工作委员会"。这样就名副其实了,便能名正言顺地切实履行编纂地方志和开发利用地方志资源的职责了。

其次,各地方志部门的内设机构,应增设方志开发利用(包括旧志整理)的科室,改变原来只设方志编纂科室的状况,以适应和执行《地方志工作条例》提出的"科学、合理地开发利用地方志"的要求。

二、方志工作机构应贯彻"修志为用"的宗旨

"修志为用"是当代修志的明确宗旨。张景孔在《新志应用论》一文里说:"修志的目的在于应用,应用是修志的出发点和归宿。"②但是,方志作为社会历史发展的文化产物,是受时代和阶级的制约的,不同时代和不同阶级的人修志和用志,各有不同的目的和不同的用途、用法,有一个为谁服务的问题。

在我国漫长的封建社会里,修志以供官用是修志工作的铁律。修志者多为应命从事,无不站在封建统治阶级的立场上,搜集"辅治"、"资政"的资料为当时的封建统治者歌功颂德,树碑立传。志书中极少有可供民用、可为民用的材料。清代章学诚虽然说过"夫修志者,非示观美,将求其实用也"③这样的话,但供谁"实用"？以记载什么内容供"实用"？在当时历史条件下,只是也只能是供封建统治者及儒士书生们"实用",绝不会考虑供劳动大众们"实用"。

---

① 朱佳木:《大力弘扬创新精神,把地方志工作不断推向前进——在全国省级方志工作机构主任会议上的讲话》,《中国地方志》2011年第5期。
② 见《湖北方志》1994年第5期;《悦堂志论》,天马图书有限公司,2001年,第3页。
③ (清)章学诚:《记与戴东原论修志》。

到了民国时期,民主共和的观念得到传播,许多著名学者参与了修志,修志观念随时代前进的步伐发生了变化:有的主张"以民为本"、"处处从民生着想";①有的认为"近日修志,应于民事加详,民主国民为重也";②有的则要求"注重实用"、"注重科学;③有的针对抗日战争的时局,发出了修志为抗日服务的呼声:"抗日建国!我以为文化界中人要真正负起责任来,第一步工作,就是给所在的地方修县志。"④这些见解、主张、要求和呼声,是当时志家学者们对修志要重民用、为现实服务的意愿和诉求,反映了用志观念从官用到官民共用的嬗变,但是并没有也不可能从根本上改变修志与用志分离的状态,因为当时广大劳动人民的经济条件和文化知识,都远没有达到需要和可能读志用志的程度,求温饱仍然是他们最基本的需求。

中华人民共和国成立后,重视开发利用旧志资源,始终坚持新编地方志要为国家社会主义现代化建设服务的方针。1981年8月成立的中国地方史志协会的"协会章程"第三条就确定了地方志工作"为社会主义现代化服务"的宗旨。1985年4月,中国地方志指导小组通过并颁布了《新编地方志工作暂行规定》,第一条要求:"新方志应当系统地记载地方自然和社会的历史与现状,为本地社会主义现代化建设提供有科学依据的基本状况,以利于地方领导机关从实际出发,进行有效的决策。"1997年5月颁发的《关于地方志编纂工作的规定》第三条,则更具体、明确地提出:"编纂地方志必须以马列主义、毛泽东思想和邓小平理论为指导,坚持实事求是的思想路线,运用现代科学理论和方法,全面真实地反映当地自然和社会的历史与现状,为改革开放和社会主义现代化建设服务。"

这一系列的要求和规定,使修志与用志的关系得到了确认,"修志为用"正是对这种关系的高度概括和简洁表达。

---

① 高桂滋:《重修邯郸县志序》。
② 甘鹏云:《方志商》。
③ 傅振伦:《中国方志学通论》,北京:燕山出版社,1988年,第105页。
④ 黎锦熙:《方志今议序》,北京:中国展望出版社,1982年,第3页。

第六章 方志工作机构与方志应用

上述用志观念的发展变化,反映了经世致用思想在方志事业中的影响。而"修志为用"的理念和宗旨,正是经世致用思想在新时代方志事业中发出的新声。

方志工作机构应将"修志为用"原则贯穿于修志的全过程,"在资料搜集时,就要注意为谁服务的问题,就要想到将来的志书作用问题"。① 刚开始修志,其大量工作是通过各种方法、各种渠道搜集资料。资料是志书的基础,是志书的生命,既直接关系志书的质量,也关系志书的应用价值和功能发挥,因此,做好资料收集工作极为重要。对搜集到的资料还要从应用的角度出发,"把案头的资料工作变为直接为四化建设服务的工作,把静态的资料变为动态的信息,把潜在的使用价值变为现实的使用价值"。② 切实做到修志为用,修用结合。

搜集资料工作做得好固然重要,但选用材料同样重要。历史上一些地方修志取材,曾有"事不关于风教,物不系于钱谷,诗不发于性情,文不根于义理,皆一切不取"③的说法。今天我们修志,要从为改革开放和社会主义现代化建设服务出发,在选材的价值取向上多费心思。

贯彻"修志为用"的原则,不仅在志书编纂过程的每一个环节上时时不忘"用"字当头,而且在志书出版发行后,还要大力进行广泛宣传,动员和帮助各团体、各机构及广大人民群众开展读志用志活动。

三、方志工作机构应坚持"修用结合"的方针

修志与用志是如影随形,相辅相成的关系。没有修志,自然便没有用志;有志不用,或者修成的志书没有应用价值,不能应用,则修志便成了徒劳

---

① 郭凤岐:《试论新编志书的经世致用》,《方志论评》,天津社会科学院出版社,1994年,第82页。
② 刘献华:《论新编地方志的十大关系》,《中国地方志》,2004年第4期。
③ (元)冯福京:《乐清县志》序。

之举,因为"志书的功能和价值只有通过用才能体现出来"。[①]

处理好修志与用志的关系,才有利于方志事业的发展。处理好修志与用志关系的最重要也是最关键的做法,就是把修志与用志结合起来运行。结合得好,修志工作就能在"用"字上费心思、下工夫,志书出版后投入应用,才能充分发挥功能,作用就大;反之,修归修,用归用,则志书应用起来产生的作用就会大打折扣。所以,修用结合是全面做好方志工作、发展方志事业的客观要求。这是20世纪70年代以来,人们在方志事业发展中总结出来的经验。

修志工作机构本身也需要用志。新修志书要记载本行政区域的自然、政治、经济、文化和社会的历史与现状,这些方面的材料,有许多必须通过阅读、查考旧志,才能获得。对这些材料必须经过认真考订核实,根据其价值大小,择其善者、优者编写到志书中去。修志工作机构不经历这一番读志用志过程,是编纂不出也编纂不好新的志书来的。即以编修志而言,也还得在准备工作阶段,认真地阅读、研究前志,以便新志如何扬其长避其短;对前志内容漏载、讹误情况,新志如何补遗、勘误等。对"用志"的理解,应当兼顾社会用志、修志工作机构自身用志两个方面。在方志工作中,既要做好社会用志工作,也要做好修志工作机构自身的用志工作。

《地方志工作条例》第十六条指出:"地方志工作应当为地方经济社会的全面发展服务。"要做到这一点,关键在于切实做好社会用志工作。社会用志是最广泛的用志活动,做好了社会用志工作,方志功能便能得到充分发挥,才能在各个领域产生巨大作用。例如,朱敏彦在一篇文章里谈到上海新修方志为改革开放和现代化建设提供智力支持时,就从4个方面具体进行了阐述:一是为上海经济建设服务;二是为社会科学工作者研究上海经济、社会、文化和历史提供真实可靠的资料;三是为广大人民群众开展热爱国家、热爱上海、热爱家乡的教育提供生动的素材;四是成为加强与海外和我

[①] 张景孔:《新志应用论》,《湖北方志》1994年第5期;《悦堂志论》,天马图书有限公司,2001年,第3页。

国港、澳、台地区的联系,推进祖国和平统一事业的纽带和桥梁。[①] 文章虽是述说上海新修方志在四个方面发挥的作用,但同时也说明了上海社会用志的概况和做好社会用志工作的重要性。

坚持"修用结合",实际上就是要求方志工作机构抓好两件大事:一是在修志过程中要始终把"用"字放在首位;二是抓好"志后工程",努力为社会用志提供服务。而要主动做好社会用志的服务工作,关键又在于了解社会用志的需求。

对社会用志的需求,要在调查研究的基础上,进行研究,分析其"主要用与参考用的关系、当前用与长期用的关系、日常用与轰动用的关系、直接用与引申用的关系、主动用与被动用的关系、集中用与分散用的关系、综合用与查阅用的关系及社会效益用与经济效益用的关系"[②],并有针对性地主动做好服务工作。

总之,方志工作机构在为社会用志提供服务方面,是有"英雄用武之地"的,也是可以大有作为的。

在当今改革开放的时代里,地方志不仅在国内拥有广大的读者群,而且随着我国与外部世界的联系越来越紧密,交往越来越多,地方志在海外的读者群也日益扩大。分布在世界各地的华人华侨,他们身处他乡,思念祖国,有的怀抱寻根访祖的夙愿,希望从志书中获得线索,使梦想变为现实;有的希望了解故乡家园的发展变化,从地方志的记载中得到心灵的慰藉;有的希望从志书中获得我国有关投资环境的信息,以便到中国投资;有的希望在志书里寻幽探胜,找到来中国旅游的最佳目的地和旅游线路;有的希望借志书所载,找到与中方机构和人士进行科技文化合作的选项;有的希望通过志书了解中国改革开放及其成就,以加强对中国的认识,与中国友好相处,共谋

[①] 详见朱敏彦:《论地方文献在社会发展中的资治、教化、存史作用——兼论上海新方志为改革开放和现代化建设提高智力支持》,《中国地方志》2005 年第 6 期。

[②] 郭凤岐:《试论新编志书的经世致用》,《方志论评》,天津社会科学院出版社,1994年,第 87 页。

发展……因此,方志工作机构在积极热心地为本国读者用志需要提供服务的同时,还必须尽力做好为海外读者用志需求提供服务的工作。这是中国方志发展史上面临的新任务。

事在人为。只要方志工作机构在"修用结合"方面尽心尽力了,就会道路越走越宽广,贡献越作越大,因而工作也就越来越受到重视,前景越来越光明。

实行"修用结合"方针,做好修志用志工作,充分发挥方志的社会价值、学术价值和经济价值,是时代赋予方志工作机构和方志工作者的光荣使命。面对这样的情势,方志工作机构和方志工作者怎么办?有人认为,至少应强化三种意识:一是强化积极参与社会生产、生活的自觉意识,有了这种自觉意识,才能把修志与现实紧密地联系起来;二是要强化当代意识,多接受新思想、新事物,了解新政策、新动向;三是要强化"我修我用"的意识,摒弃"我修人用"的消极思想。不仅要当修志的主人,也要当用志的主人。只有思想上有了"用"字,行动上才会用好。①

---

① 孙其海:《发掘方志的公理公例》,《广西地方志》,1998 年第 2 期,;转引自诸葛计:《中国方志五十年史事录》。北京:方志出版社,2002 年,第 704 页。

第七章　方志资源的开发利用(上)

我国地方志资源数量巨大,内容丰富,资料价值很高,向为世人所瞩目。开发利用方志资源为我国家社会主义建设事业服务,意义重大。

一、地方志是丰富的"文化之矿"

地方志所载内容范围极广,包括了建制、疆域、山川、地理、天象、物候、政治、经济、军事、文化、教育、医药卫生、体育、矿藏、资源、人口、田亩、税赋、人物、事件、民族、宗教、党派、会门、金石、文物、名胜古迹、奇异动植物、土特产品、特种技艺、风土人情、方言俗语、服饰、礼仪、兵灾匪患、自然灾害,以及创造发明、诗文著述、神话传说、历史掌故等等自然、社会、人文各方面的资料。有许多资料都有很高的实用价值和科研价值,"可以为我们今天的社会主义建设提供国情、地情、史情等一系列重要的实用信息和科研信息,为我们的各种决策提供参考"。[①]

地方志资料之宏富及重大的实用价值、科研价值,是有口皆碑、世人公认的。著名方志学家傅振伦在《整理旧方志与编辑新方志问题》一文中称地

---

① 董一搏:《发掘、整理方志资料是两个文明建设的当务之急》,《中州今古》1984年第4期;《董一搏方志论文集》,开封:河南大学出版社,1989年,第174页。

方志"内容广博，包罗万有"、"内容具有科学性、人民性"。① 国际著名地理学家陈正祥，在其所著《中国文化地理》一书中认为："蕴藏在方志里的地理学资料是很丰富的。换言之，也便是方志的地理学价值是很高的，尤其是在中国文化地理和中国历史地理的研究方面。"他形象地称地方志为"文化之矿。"② 其他许多学者也说："地方志给我们今天进行社会科学和自然科学的研究，提供了重要资料"，是"我国特有的巨大的文献宝库"；③ "其历史之悠久，地域之广阔，内容之丰富，在世界上是罕见的，不失为我国文化特产"。④ 地方志"是综合性反映地方情况的百科全书；是撰述历史借以取材的资料宝库之一"，是"一份丰富的宝贵遗产"。⑤ 其中包含着大量的珍贵信息，具有很高的资料价值，是我们中华民族的宝贵文化遗产。⑥

不仅我国的学者对地方志的丰富资料给予高度评价，国外的科学家和汉学家也极为看重，"英国李约瑟教授对中国方志给予很高的评价"；⑦ 许多外国汉学家们都认为，"中国的方志资源是具有国际性的文化财富"。⑧

历史上流传下来的志书尚且如此珍贵，当代新编的地方志则更有"地近则易核，时近则迹真"⑨的优势和长处，记载的内容更加真实，更加详明，更加科学，更加准确。

---

① 详见傅振伦：《中国史志论丛》，杭州：浙江人民出版社，1986年，第108～110页。
② 详见陈正祥：《中国文化地理》之第二篇：《方志的地理学价值》，北京：三联书店，1983年。
③ 谭其骧：《地方史志不可偏废旧志资料不可轻信》，载中国地方史志协会编：《中国地方史志论丛》，北京：中华书局，1984年，第11页。
④ 朱士嘉：《整理研究地方志刍议》，《湖北方志通讯》，1981年第4期。
⑤ 来新夏：《略论地方志的研究状况与趋势》，《天津社会科学》，1981年总1号；中国地方史志协会：《中国地方史志论丛》，北京：中华书局，1984年，第357、361页。
⑥ 董一搏：《关于旧志整理工作的建议》，《董一搏方志论文集》，开封：河南大学出版社，1989年，第92页。
⑦ 参考李氏《中国科学技术史》第五卷《地学》部分，转引自《朱士嘉方志文集》，北京：燕山出版社，1991年，第139页。
⑧ 陈桥驿：《中国方志资源国际普查刍议》，《中国地方志》，1996年第2期。
⑨ 章学诚：《修志十议》

陈正祥教授将方志资料喻为"文化之矿"是非常恰当的。但常识告诉我们,所谓"矿",通常是指矿山而言,在地底下未经开采的矿物,是矿藏,虽有价值,却不能产生应有的作用,只有经过开采,才能成为矿产,提供应用,体现价值。因此,地方志作为"文化之矿",虽然资源十分丰富,"如果不去开发利用,让它藏在库房里,成果得不到转化,其社会价值就不可能显现出来,就会造成方志资源的浪费。反过来,我们及时做好对方志资源的开发利用工作,让更多的人把方志成果运用于社会实践,其意义将是巨大的"。①

对方志资源的开发利用,就是开采方志这座"文化之矿",事关我国的经济社会发展,国家的富强昌盛,人民生活的幸福美满。社会各界都应从自身事业发展的实际需要出发,积极投身于方志资源的开发利用工作。方志工作机构和方志工作者,更有义不容辞的责任,以积极主动的态度,投身于"文化之矿"的开采活动,真正做到"修用结合",这样才不负自己承担的时代使命。

二、旧志的收藏

开发利用方志资源就是应用方志,应用方志离不开对志书的收藏。在我国历史上,历代政府都很注重对地方志的收藏。西汉武帝时,就曾命令各地方政府把记载当地物产、贡赋和交通等资料的郡国地志,随同"计划书"上交太史保存。隋唐以来,政府都明令修志,并要求各地将所修的志书上报朝廷。清朝建立后,为了编修《明史》、"国史"和"一统志",也曾向各地征集志书,保存在内阁大库。这些事实说明,历朝历代统治者对收藏志书以供应用之需是十分重视的。

我们今天为了开发利用方志资源,"古为今用",发挥地方志在国家建设中的作用,更需要收藏地方志。收藏地方志是应用地方志的前提,没有收藏,应用就成了空话。但历代先人编修的地方志书,或因保管不善,或因新

---

① 韓章训:《方志接受学基础教程》,杭州出版社,2005年,第307页。

志修成后旧志被废弃，或因水火兵灾，受毁亡佚，或因文字狱所累被付之一炬，或因帝国主义侵略破坏，被焚毁和掠夺强购，很大一批志书已经散失不存或流落海外。因此，查考那些尘封于一隅，或他处有存而本地缺藏的志书，以使之被发现、被利用，是一项十分必要的工作。要发现这些志书，就要利用方志目录。

中华人民共和国成立前后，编的方志目录很多。其中有不少仍可在各地方、各高校和科研单位图书馆里能够查到。据《中国方志通鉴》记载，此类方志目录，在中华人民共和国成立前面世的有20种，成立后面世的有112种，另有香港地区出的1种，台湾地区出的5种；国外目录及外国人所编的方志目录，也有20种。其中，以中国科学院北京天文台主编、中华书局1985年出版的《中国地方志联合目录》（以下简称《联合目录》）规模最大，收入了全国30个省、直辖市、自治区190个公共、科研、大专院校图书馆、博物馆、文史馆、档案馆等所收藏的地方志，包括流散在日本、美国各主要图书馆的将近100种孤本、珍本方志，共计8264种。著录项目为：书名、卷数、纂修者、版本、藏书单位和备注；散见于国外的孤本方志，在备注项内一一注明。这部《联合目录》有四个特点：一是收录方志数就全国来说是最完整的，就局部地区来说是最系统的；二是著录详细准确；三是搜集的资料面广，藏书单位遍及全国各省、直辖市、自治区，具有普遍性；四是具有很强的实用性，是检索地方志的重要工具。①

从方志目录中查找到本地所缺志书及其藏书单位后，可以商求复印或阅读摘抄，以备使用。对在国外的志书，也要设法通过各种渠道引回国内。这方面虽然实行起来较难，但也不乏成功的先例。例如：

> 清乾隆《越中杂识》，早年流出海外，现存美国国会图书馆，为海内孤本。1980年，杭州大学陈桥驿教授通过斯坦福大学的施坚雅教授，从美国引回。

---

① 详见《中国方志通鉴》（下），北京：方志出版社，2010年，第1477～1523页。

第七章 方志资源的开发利用(上)

杨溁纂修的清康熙二十二年本《常山县志》(抄本)15卷,是孤本,1987年陈桥驿教授通过其日本友人、东洋大学东洋文化研究所所长斯波义信,从日本宫内省图书寮引回。

费梧修的光绪《新市镇再续志》,1990年陈桥驿教授通过斯波义信从日本东洋大学东洋文化研究所引回。

康熙二十一年《象山县志》,陈桥驿教授通过在美国学习的研究生乐祖谋先生,从美国斯坦福大学图书馆复印回国。①

21世纪初,陈桥驿教授应甘肃省天水市市志办的请求,又通过自己的学生和多位日本友人帮助,辗转从日本京都大学人文科学研究所复制引回了十三卷巨帙的顺治《泰州志》。②

1986年10月,厦门大学历史研究所林仁川教授,利用赴荷兰莱顿大学参加国际会议及讲学的机会,发现了修于乾隆三十一年,三十四年付印,国内自20世纪30年代以来久觅未获的厦门《鹭江志》,于是他从莱顿大学的汉学院图书馆复印携带回国。③

1987年10月7日,国内无藏的孤本崇祯《江阴县志》,居美侨眷章紫女士受江阴市志办之托,得到在美国任史学教授的王伊同先生及哈佛大学图书馆馆长吴文津先生的通力合作,复印后带回国内。④

1991年1月,广西通志馆资料室通过时在广西社会科学院历史所实习的日本留学生菊池秀时,从日本内阁文库引回国内无存的兵要地理图说《殿粤要纂》。⑤

1998年夏,仓修良教授托友人从日本复印得康熙三十六年萧文蔚纂修

---

① 以上均见诸葛计:《中国方志五十年史事录》,北京:方志出版社,2002年,第103~104页。
② 陈桥驿:《关于编纂〈国外图书馆收藏中国地方志孤(善)本目录〉的建议》,《中国地方志》,2002年第1期。
③ 见诸葛计:《中国方志五十年史事录》,北京:方志出版社,2002年,第194页。
④ 见诸葛计:《中国方志五十年史事录》,北京:方志出版社,2002年,第227~228页。
⑤ 见同上书,第374页。

的《桃源县志》一部。①

值得一提的是,陈桥驿教授不但热心于引回流落国外的方志,做出了贡献,而且还为此发出呼吁,写出了《中国方志资源国际普查刍议》一文,提出"在全世界范围内普查中国的方志资源"分阶段进行的具体意见,即:首先"摸清国际上一些收藏中国方志的大户,然后再调查那些零星分散的小户"。他告诉我们,"对于普查国际中国方志资源,我们的确已经具备了许多有利条件":首先是已经有了最详细记录的《中国地方志联合目录》作为开展普查的重要基础;其次,几乎世界上各东方图书馆和汉学研究机构都有他们的汉籍目录或东方书目,可以在其中理出头绪;再次,我们现在已经和世界上绝大部分国家和地区建立了外交关系,通过这种关系,我们在引进目录、复制和相互交流方面,都会得到许多方便;最后,现在国际上许多有关汉籍的图书馆,常由外籍华人主持业务,他们热爱祖国,愿意为祖国的文化事业作出贡献。② 他的这番古道热肠话语,可谓感人至深;他的呼吁和建议,具有很现实的实践意义,应当受到重视。

如今,我国正处在改革开发的新时代,国际交流和合作、民间友好往来日益频繁,我们的朋友遍布天下。这种情势对于通过各种渠道引回流失海外而国内缺藏的地方志书,十分有利。时不我待,机不可失,方志工作机构和方志工作者应当联系、团结各方面人士,为从海外引回地方志书,作出贡献。

三、旧志整理

旧志整理之所以必须重视,是由其自身的资源价值和社会需要决定的。我国的社会主义建设事业需要大量各方面有价值的资料,而地方志则向以资源丰富、信息密集、价值高著称,其中有的资料还是极为难得的。但是历史上流传下来的地方志,数量巨大,卷帙浩繁,且有各种不同版本,查找起来

---

① 见同上书,第734页。
② 陈桥驿:《中国方志资源国际普查刍议》,《中国地方志》,1996年第2期。

很不方便,而且又都是采用繁体字、文言文记述,一般人阅读理解会有困难。因此,旧志整理是开发利用方志资源的一项十分重要而又迫切的工作,是方志事业发展的重要组成部分。

整理旧志资料的事,是明末清初顾炎武开始做的。他征引1000多部地方志的资料汇编成了《天下郡国利病书》,称誉于世。此后,校印旧志、类编旧志资料,以及编制方志目录、提要、索引和考评、辑佚等,也断续踵起。中华人民共和国成立后,提倡"古为今用",为适应经济和文化建设的需要,许多科研机构和研究人员做了一些方志资源开发利用的开拓性工作,在天文、地震、气象和灾害等方面汇辑类编旧志资料,取得了一批成果。这些成果,初步探索了方志资源开发利用、实现"古为今用"的途径和方法,为经济社会发展的决策和实施直接发挥了重要的作用。

"文革"结束后,迎来了科学的春天。中国共产党十一届三中全会后掀起的改革开放大潮,促进了各项事业的发展。地方志工作沐浴着春风,在大潮的激荡中兴发。20世纪80年代初先后成立了中国地方史志协会和中国地方志指导小组,两个组织在推动社会主义方志编纂工作前进的同时,对旧志整理工作也一直十分重视。1981年7月,中国地方史志协会成立,在成立大会上提出了《关于方志学研究工作的建议》(草案)。草案中包括了编印方志目录、刊印旧志、类编旧志资料等要项。1982年5月在武汉召开了旧志整理工作座谈会,会上又提出了《中国地方志整理规划(1982~1990)》(草案),其中指出:"有计划地整理出版旧方志,充分发挥旧方志资料的作用,对于继承文化遗产,发展各项事业、研究各门学科和编纂新方志,以促进我国社会主义精神文明建设和物质文明建设,具有一定的现实意义。"1983年4月,在洛阳召开的中国地方志规划会议上,又拟定了《中国旧方志整理规划实施方案(1983~1990)》(草案)。同年12月,中国地方志指导小组第三次会议通过了《关于开展旧方志整理工作问题的决定》;据此,1984年1月成立了旧志整理工作委员会。是年3月,该委员会召开了第一次旧志整理工作会议,确定旧志整理工作的方针为:"通过整理旧方志为社会主义国民经济建设及思想文化建设服务。"同时规定旧方志整理工作的项目是:"原本复制、点校翻印、类编资料、辑录佚志及编辑方志目录、提要、专题索引等等",指出了"当前整理工作重点是从旧方志中检选出有关资料,类编成册。"之后,陕西、河南、福建、安徽、贵州、黑龙江、四川、浙江、山西、吉林、广东、广西等省区,相继成立了旧方志整理班子或指定专人负责此项工作。1985年1月召开的第二次旧志整理工作会议认为,一年来旧志整理工作有进展,成果比较显著,但发展不平衡。会议建议:安排一次小型学术讨论会,研讨类编资料、方志提要、旧志标点中出现的问题。同年5月召开了第三次工作会议,交流旧志整理工作经验,讨论旧志整理工作的"七五"规划,商定"七五"规划期间的工作重点依然是从旧方志中检选出有关资料,类编成册,即自然灾害资料类编、矿藏资料类编、渔业畜牧业资料类编、水利资料类编、科技资料类编、土特产资料类编、名胜古迹资料类编、人物资料类编等。这一系列活动,紧锣密鼓,影响遍及全国,有力地推动、促进了旧志整理和方志资源的开发利用工作。

自20世纪80年代初至今,新时代的旧志整理工作已经历时30余年。以这30余年的旧志整理工作与历史上的状况比较,可以看出几个明显的特点:

第一,历史上旧志整理工作,基本上是极少数学者独立进行,属个人行为,势单力薄,所取得成果极为有限。当代则不然,全国有中国地方志指导小组旧志整理工作委员会,各地有省(市、自治区)和地(市)、县的相应工作机构,并且制订了旧志整理工作的规划(计划),有组织、有计划、有步骤地持续进行;除方志工作机构及其人员投入这一工作外,还动员和吸纳各领域相关人员参加,表现了当代旧志整理工作具有全国性、大规模、按计划进行的特点。

第二,历史上整理旧方志,主要是为学术研究服务的。当代旧志整理工作,旨在开发利用旧方志资料资源,及时向社会各领域的相关部门、群体或个人提供可信的、有价值的信息,以为现实服务,发展各项社会主义事业,造

第七章 方志资源的开发利用（上）

福于人民,用途广,作用大,具有广泛的社会意义,影响千秋万代。

第三,历史上旧志整理活动与编纂方志的活动脱节分离。当代旧志整理工作,在编纂社会主义新方志大潮中兴发,与新方志编纂结合,批判地继承旧方志的优良传统,为编纂新方志搜集有用的资料,彼此相辅相成,互补性强;参与新方志编纂人员从中了解了旧方志体例结构的长短得失,利于扬长避短,在判定资料价值方面得到了实际锻炼,使修志能力有所提高。这在旧时的旧志整理活动中,是从未有过的。

第四,历史上旧志整理的成果出来后,不关注其社会效应。当代旧志整理工作成果出来后,还高度关注成果的应用及其社会效应,除了及时将成果提供社会有关方面参考、付诸实际应用外,还注意收集反馈信息,总结经验,力求把旧志整理工作做得更好,更上一层楼。这种认真负责的工作精神和态度,是前所未见的。

前面说过,旧志整理工作的内容,主要有编制目录、旧志重印、编写旧志提要、类编资料、编辑索引等。各地在实践中,应根据实际需要,酌情行事,例如在市县一级,一般便只在旧志校点重印、类编资料方面用力。

关于旧志整理工作的步骤,也应从实际出发。市县地区涉及的旧志较少,首先必须把本地区各种版本、各种类型的旧志查明配齐,作为整理工作的依据和基础。查明配齐之后,再据以确定重印和摘录相关资料,按行业门类进行类编,提供有关部门参考使用;一些当前急需的资料,应当急事急办,及时摘录,随时提供,以应急需。

而对于省和全国范围而言,因旧志整理工作牵涉面广,数量既大,又繁重复杂,则为了工作方便,需要先编制方志目录、方志提要之类工具书,以利查用。做好这样的基础性工作后,再进行各种资料摘录和汇编,就比较方便顺手了。

无论是市县还是省和全国的旧志整理,都必须注意做好资料的考订核实工作,以免误信而录,以讹传讹,带来后患。

重印旧志不可简单行事,要尽力做好校点勘误工作。在已出的重印旧志中,《嘉靖宁夏新志》①颇有善长之处:一是除了据《嘉靖宁夏新志》分段校点外,又从天一阁所藏《弘治宁夏新志》中节录相应内容附于缺页部分,补缺而不混淆;二是根据书中实际内容,制定含有子目的新目录刊于书前,且仍保留原目录于后,以备对照;经校勘,对原书错误加以改正,并做简要的校勘记附于各章节之后。三是书后还"附录"了校勘者《嘉靖宁夏新志的史料价值》一文,对宁夏志书的沿革、本书成书缘由及全书史料价值,作了比较详细的评述,有裨读者阅读使用。这是在认真深入研究原作者体例和内容的基础上校勘重印的一部志书。这种做法,有精打细磨的优点和长处,足可为鉴。

对旧志进行整理是地方志工作机构义不容辞的职责。但地方志工作机构工作人员不可能精通各学科和各行业的知识,因此,有些门类的资料摘抄、汇编工作,应当约请和利用社会力量来做,以保证类编方志资料的质量不出常识性的差错。

在旧志整理工作中,我们已经摸索和积累了一些经验,其要者有以下诸端:

• 要以批判与继承相结合的态度对待旧志整理,取其精华,弃其糟粕。

• 要以为两个文明建设服务为主旨,坚持古为今用的方针,把类编资料作为工作重点来抓紧抓好。

• 要讲究工作方法,力求旧志整理的成果质量好,适于实用,在投入使用后能发挥应有的作用,而不是放在书架上的摆设。

• 要主动与有关行业和懂行人士合作,共同做好旧志整理工作,并推动他们应用旧志资料,做到旧志整理与旧志资料应用相结合。

四、旧志资源的应用

旧志整理是为应用旧志资料服务的,旧志资料的价值和作用,是通过应

---

① (明)胡汝砺纂修,(明)管律重修;陈明猷校勘:《嘉靖宁夏新志》,银川:宁夏人民出版社,1982年。

第七章　方志资源的开发利用（上）

用实践才能得以体现的。旧志资料的应用范围极广，要使其在应用中充分发挥作用，实现价值最大化，关键在于应用者善于使用，应用得当。应用旧志资料的成功事例，各地都有涌现，有些用得好的，甚至一举数得。《新华每日电讯》2011年9月25日刊登的有关慎海雄的文章中，曾提到一件耐人寻味的用志事例。文中写道：

> 上世纪90年代中期，浙西南山区探索移民下山的路子解决深山百姓的脱贫致富问题，效果明显。不过在某县的一个村庄选址中，县里与市里有关部门发生了矛盾。市土地规划部门看中一处较宽阔的冲积盆地，并作了初步规划。但县里一位主要领导坚决反对这个规划，其理由是从地方志中查明，该处盆地历史上曾遭遇过多次洪水，"风凶水恶"。最后经过专家再次考察论证，采纳了县里的意见，重新另择村址。结果，新的村址刚刚选定，一场持续大暴雨引发的山洪就把那处盆地里的庄稼、公路等统统冲毁。人们在庆幸之余，也对地方志的作用另眼相看。①

这一事实表明，这位县里的主要领导是重视读志用志的，也善于用志书记载的资料支持自己对移民村庄选址的不同意见，并进行抗争；而市里有关部门"采纳了县里的意见，重新另择新址"，则是对地方志资料的可信度的肯定；其结果是避免了一场因选址不当可能发生的自然灾害之祸。所以，重视读志用志，是全社会应有的风尚，对于各地方、各部门的领导来说，在这方面尤应作出表率，起到模范带头作用，以造福社会，泽惠人民。

从各地方、各部门、各行业和社会各界人士用志的情况来看，历史上流传下来的地方志确实是一座巨大的信息库，人们重视它，应用它丰富的资料，就可以从中"发掘出既有定量数据、又有定性功能的有用信息，为管理、开发和建设地方服务"，②实在是善莫大焉。

---

① 《报刊文摘》第3029期，2011年10月7日头版。
② 唐文光：《方志与信息》，《中国地方志通讯》1984年第4、5期合刊。

方志应用学探论

然而平实地说,30多年来在旧志整理和应用方面诚然成果丰硕,成绩巨大,但也存在一些不足之处。例如旧志中那些敦亲睦邻、敬老恤孤、诚实守信等事关社会风教的资料,就关注较少、发掘不够,鲜见类编应用之例,这对建设和谐社会来说,无疑是一个损失。凡是对精神文明建设有价值的旧志资料,都应当重视收集汇编,广泛宣传,以资应用。

第八章　方志资源的开发利用(中)

新编方志资源的开发利用与旧志资料的整理应用一样,都是为社会主义物质文明和精神文明建设服务的,其工作内容主要是类编各种资料。但在具体实践中,新编方志资料的开发利用,又有诸多与旧志资源开发利用的不同内容和特点。本章从三个方面略作探讨。

一、新编方志的宣传与发行

新编方志的宣传与发行如何,直接关系新编方志资源的开发利用如何。宣传工作做得好,大造修志、读志、用志的舆论,影响大了,志书的发行工作就顺利,发行量就大,读者群也随之扩大,志书发挥的作用、产生的效应,自然也就相应增大了。因此,各地方志工作机构都很重视志书的出版发行和宣传工作,都把这两项工作作为志书出版后要抓好的两个重要环节,[①]把"充分利用新闻媒体和采用各种方志做好舆论宣传工作"作为要做好的工作之一。[②]

然而,仅仅抓志书出版后的宣传工作是不够的。新方志编修与历史上修志的一个明显不同之处,就是强调边修边用,在修志过程中就利用方志资料为

[①] 张景孔:《新志应用论》,《湖北方志》1994年第5期,载《悦堂志论》,天马图书有限公司,2001年第6页。
[②] 韩章训:《方志接受学基础教程》,杭州出版社,2005年,第98页。

现实服务，为此，方志工作机构在修志工作一开始，就利用一切机会采取多种方式持续宣传修志的意义、读志用志的重要作用等，使广大群众了解方志工作的性质、任务；形成支持修志工作、参与读志用志活动的良好风气。实践证明，这样做的效果很好，不但修志工作进展顺利，志书出版发行也很顺利。首轮修志中，江西《玉山县志》的编修工作就是这么做的。玉山县志办公室在修志工作一开始，便利用张贴征集修志资料启示、广播宣传、调查访问等多种方式，在城乡各地广泛深入宣传修志的事，使县内广大干部和群众对修志工作有所了解，支持修志工作。修志人员每次下乡，都会有人问："这次来要收集什么资料？""县志什么时候能写好？"由于在修志全过程中抓了宣传工作，所以志书一出版，求购的人便很多，第一次印刷的7100册志书，短期内便销售一空。

除了方志宣传对志书发行的影响，志书质量也是对志书发行有影响的重要因素。志书发行数量上不去，有多方面原因，既与当地群众文化消费水平不高有关，也与方志宣传和志书发行渠道不畅有关，更与志书质量问题有关。有些志书，受旧时志书"隐恶扬善"传统修志观念的影响深，有报喜不报忧的倾向，对某些当地曾经出现过并且产生了重大消极影响的人和事，一笔带过，甚至隐而不书，当地人便因此对志书记载内容的客观性、真实性产生了怀疑，也就不想买这样的志书了。有的志书，重官职，记官事，官腔官调，"官味"十足。例如大事记里记载的事，大多是领导人视察、考察之类；本地几大班子领导人任职情况，不但大事记里有记载，党政、人物等篇章里也有记载，给人以"为官修志"的"官志"印象。这种情况，如2003年5月14日《人民日报》"文事评点"栏目刊登的李泽广《修志应多反映群众业绩》一文所指出：一些地方志过于宣传当地的头头脑脑，一般的格式都是地方领导与上面领导的合影皆排列在前，既多又大，照片之前又往往多是由地方领导所作的前言，署名还标出职务。美虽美矣，丽虽丽矣，然最缺少的却是当地人民群众创下的业绩。① 这样

---

① 据《中国方志通鉴》(下)，北京：方志出版社，2010年，第1712页。

第八章　方志资源的开发利用（中）

的志书,显然引发不了群众的阅读兴趣,也满足不了群众读志用志的需求,因而也就很难产生购买志书的热情。有的志书,部头大,价格高,令人望而却步,也是影响发行量的因素之一。

与上述情况相反,许多受读者欢迎、发行比较顺利的志书,大多做到了既如实、恰当地记载"官事",展示政绩,又把目光投向基层和群众,看重民事、民情,关心民生和人民群众艰苦奋斗、发明创造的业绩,以及各方面先进模范人物的事迹等,这些内容在志书中占有相当大的篇幅,给人以真实感和亲切感。这样的志书,因为内容好,本地人看了眼熟、喜欢,认为有用,自然就有了购买的欲望;有人甚至因为自己或亲人上了志书,还买了志书当作传家宝,珍藏起来作纪念。俗话说"酒香不怕巷子深",志书的内容好,质量高,就如同好酒酒香四溢一样,能招来买家。

只要志书质量好,又做了大量宣传工作,再在发行工作上多动脑子,销售量就大,就更有利于开展读志用志活动,做好新编方志资源的开发利用工作。张影华同志在其撰写的《地方志的开发利用和志书的发行》一文里,对做好志书发行工作提出了一些值得参考的意见。他说:"除了广泛征订外,还必须采用上门销售、流动销售、分点代销、优惠包销、电话购销、代销代办等发行方式,以最大限度开拓销售网店(如新华书店、购书中心,重点名胜古迹旅游点、大学设销售点),扩大市场覆盖面","在发行方法上要改变以往坐堂销售、足不出户旧的销售模式,要主动走向社会,在巩固原定目标市场的基础上,积极寻找市场、开拓市场。"①台湾中国文化大学历史学研究所所长宋晞教授的一番话,也很值得我们品味。他说:地方志"可供关心故乡的同胞翻阅之用。离开家乡很久的国民,尤其是分布在世界各地的侨胞,如能看到本籍的方志,也可慰藉思乡之忧。"②这就是说,在志书出版前后,要与当地的侨眷侨属联系,动员他们订购志书作为赠品寄往国外亲人。其实,思乡的

---

① 转引自韩章训著:《方志接受学基础教程》,杭州出版社,2005年,第98页。
② 宋晞:《七十年来方志学研究》,台湾《史学汇刊》第十一期,1981年12月。转引自东志:《台湾近三十年来的方志研究和出版》,《中国地方志通讯》,1984年第2期。

方志应用学探论

何止是侨胞？港、澳、台胞中的许多人也都眷念着故乡和亲人，他们看到本籍的方志同样可慰藉思乡之忧，因而与他们在大陆的眷属联系购买志书，同样是一条不错的销售渠道。总之，志书发行销售事在人为，"等客上门"、你来买我才卖的销售模式，应当改变，也必须改变。

对于方志发行来说，方志宣传的重要性和必须性是显而易见的。但绝不可以"运动造势"的方式，一阵风而罢，而必须分阶段、长期坚持进行。启动修志初期，主要是造修志舆论，宣传修志的目的、意义和重要性，以及工作步骤、资料征集等，动员各机关单位、广大干部群众大力支持修志工作。在修志过程中，要及时发布修志进程和动态，用出修志简报或在媒体上报道的形式，对积极支持修志工作的单位和人员进行表彰，以鼓励和促进更多单位和人员用实际行动支持修志。对一些应用方志资料搞好工作、发展经济、推动精神文明建设的典型事件和人物，更要突出宣传。浙江《义乌市志》编辑部在公共场所张贴志稿，公开向群众征集修改、补充意见的做法，既向群众作了阶段性工作汇报，又作了一次新编方志的宣传，效果也很好。这样，各机关单位、广大干部和群众为修志尽了心、出了力，在心理上和感情上便增强了对修志工作的关注度，志书出版后，就会萌生购买志书的念头。

志书面世不是方志工作的终结，而是修志工程的起点，应当利用志书首发式，举办志书知识有奖竞赛、志书评论等活动，宣传志书内容；尤其要重点做好社会用志情况的调查研究，对其中的典型事例、所产生的经济和社会效应，应利用各种形式大张旗鼓地进行宣传，以扩大影响，带动更多部门，更多群众购买志书，参加读志用志活动。

抓好志书的宣传、发行工作，扩大志书的社会影响，是发挥志书社会功能、体现志书社会价值的重要举措。这方面，许多地方都有成功的探索实践，积累了一些有益的经验。例如江苏《常熟市志》的宣传、发行工作，就做得有声有色，卓有成效。"市志"出版前，市政府就召开了有各乡镇及机关、企事业单位负责人参加的征订会议，要求"各单位领导、广大干部要作为市情书、工具书来读"。同时，市志办还利用报纸、广播电台、电视台等媒体，大

第八章　方志资源的开发利用（中）

张旗鼓地开展《常熟市志》的宣传活动，并遵照市政府和市地方志编纂委员会的要求，把"宣传、利用《常熟市志》，充分发挥《常熟市志》在两个文明建设中的作用"，作为志后工作的重点来抓。志书发行后，市志办采取多种形式，组织了群众性的读志活动：与文化局、图书馆、电视台、报社等单位联合举办了一次"家庭读书乐"读书知识竞赛，把《常熟市志》作为这次活动中一本必读之书；与市报社举办了《常熟市志》有奖演讲比赛。通过这些宣传活动，"推动了全市读志用志活动的不断深化"，使"以资料翔实、富有特色、装帧精良，得到方志界好评"的《常熟市志》，"出版后不到一年半时间，10000册志书便销售一空，其中有105册销向世界各国及港、澳、台地区"。①

《常熟市志》宣传、发行的经验说明，要做好志书宣传、发行工作，就要作多方面的努力，既要领导重视和支持，也要方志工作机构主动积极地与相关单位（部门）合作行事，还要多动脑子让开展的活动面向群众，使广大群众参与其中，使读志用志活动既热热闹闹又扎扎实实，收到实效。

二、新编方志应用的理论与实践

未曾开发的方志资源只是"矿藏"，开发了才能成为"矿产"。因此，开发新编方志资源是新编方志应用的前提。自开展新编方志工作以来，开发新编方志资源便一直受到高度重视，并在探索实践的基础上，进行了方志应用经验的总结和方志应用理论的研究。如张景孔《新志应用论》、②邓富生《21世纪方志资源开发利用战略构想》③等读志用志经验总结文章。陆续见诸报刊。一些方志理论专著，也对此有所论述。例如在《当代方志学概论》中就有"方志应用学"一节，从理论层面展开论述，指出："志书应用，主要是研究方志在各方面应用的规律性问题。它研究方志的应用范围、应用对象、应用

---

① 张文晓：《抓好读志用志，发挥志书在两个文明建设中的作用——〈常熟市志〉社会效益的调查报告》，《中国地方志》1992年第5期。
② 见《湖北方志》1994年第5期，载《悦堂志论》，天马图书有限公司，2001年，第3～8页。
③ 见《中国地方志》2001年第1期。

方式、应用规律及其未来发展等内容。新方志作为一种精神产品、一种特殊商品进入市场,它是通过用志者使用后转化为生产力的,它的应用主要体现在为读者的服务方面。"①《方志接受学基础教程》一书在论及方志资源开发和利用时指出:"方志资源只有服务于现实才能真正实现其自身的价值。方志资源如果不去开发利用,让它藏在库房里,成果得不到转化,其社会价值就不可能显现出来,就会造成方志潜能的浪费。"并且认为:方志资源开发工作可归纳为三个层次,即:一次文献信息开发,"把无序的原始文献转变为有序的情报信息","便于读者利用";二次文献信息开发,常见的有"志书改编(含扩编和缩编)、旧志点校、注译、佚志辑录,以及方志书目编制、方志索引编制、方志辞典编纂等"。三次文献信息开发,其"主要功能就是为广大读者提供客观、真实、系统、全面的信息情报",常见的方式有"方志宣传、志书推介、志书评论、志事报导、专题综述、调研报告等"。关于方志资源利用,作者则认为"方志应用范围已经越来越广泛",其中较为突出和集中的有五个方面:应用于行政决策、经济建设、旅游业发展、科学研究、爱国主义教育。②

这些方志应用理论研究的成果,都是由方志应用实践(尤其是新编方志资源开发利用的实践)经验积累的、催生的,可以说,没有用志的实践,便不可能产生这些方志应用理论。有了这些方志应用理论,不但可以用来指导今后的方志应用实践,而且还可以在这个基础上,联系方志应用实践的做法和经验,作更深入的理论探索,深化和发展方志应用理论,使方志应用理论逐步完善,并最终形成方志应用学的理论体系。

值得当代方志工作者引以为豪的是,我们不但在方志资源开发利用和方志应用理论研究方面取得了可喜的成绩,而且在用志实践中还形成了几个极具时代性的特点:

第一,改变了既往志书出版后才付诸应用的旧观念,在"修志为用"方针

---

① 刘斌、刘柏修:《当代方志学概论》,北京:方志出版社,1997年,第123~124页。
② 详见韩章训:《方志接受学基础教程》,杭州出版社,2005年,第307、309~317页。

指导下,修志过程中便利用方志资料为现实服务。这已成为普遍现象。例如河北省迁西县志办公室,就采取边编纂志书、边提供资料利用的方法,以搜集到的修志资料撰写文章在报刊上发表,促成县领导采取具体措施发展旅游业,收到每年来县旅游观光者达50万人的好效果;向政府提出嫁接酸枣建立金丝小枣基地的建议,被采纳,1991年春天,27个乡镇39个村就嫁接了317万株;向县、市两级领导提出发展蚕桑生产的建议,得到市领导批复,申请立项。此外,还利用方志资料为一位金矿老工人开了证明,使他顺利办理了子女顶工手续。[1] 江西省在《乐平县志》修纂过程中,收集资料时发现本县有海泡石矿藏的资料,经整理在《县志资料》上发布后,引起了中央、省、市、县有关领导的重视,于是从1986年着手筹备开发,1987年正式投产,填补了国内海泡石生产的空白,促进了国内对海泡石精选加工和应用的研究。[2] 本世纪初,浙江省义乌市开展编修《义乌市志》工作,在搜集"义乌兵文化"资料中,编辑部派两位同志前往山海关一带调查访问,并开展了"重走义乌兵戍边路"、"义务兵后裔桑梓行"活动,结果不仅使400多年文化得以对接,还引发出河北省抚宁县就"在抚宁县建设小商品基地进行洽谈"的意向,秦皇岛市委、市政府也数次派人员到义乌招商,并已有一家民营企业投资5亿元,筹建秦皇岛义乌小商品市场。[3]

第二,出现了民间用志现象,志书在发展非公有制经济和乡镇经济方面起到了重要的作用。例如河南省灵宝县农民薛超民,从《灵宝县志》中得知灵宝境内生长有1020种中药材,受到启发,产生了开发利用当地丰富的中药材资源的想法。经过考察论证,1992年,他与韩国人合资在灵宝新区成立"中韩合资灵一制药有限公司",成为灵宝市中外合资企业和灵宝工业振兴

---

[1] 潘秀华:《地方志工作如何为两个文明建设服务》,《中国地方志》1993年第4期。
[2] 诸葛计:《中国方志五十年史事录》,北京:方志出版社,2002年,第234页。
[3] 吴潮海:《彩虹飞架南北,文化沟通两地——长城·义乌文化对接侧纪》,《中国地方志》2010年第9期。

工程之一。① 据报道,江苏省邳州市也有类似的事例。邳州市是我国五大银杏生产基地之一,银杏长期处于自然生产状态,产量低、效益差。1986年后,果农采用《邳县银杏志》记述的银杏母株高枝嫁接以改良品种、人工授粉等新技术,使银杏的挂果时间大大提前,品质有了较大改善,产量和经济效益比原来提高了3~5倍。另外,邳州市北部蕴藏着丰富的石膏资源,20世纪80年代仅有一家石膏矿,年开采量仅为20吨。《邳县志》全面系统地记述了石膏资源的储量、质量、品种、分布,甚至各矿段矿石距离地表的深度等也有记载。据此,邳州市北各乡镇投资建矿、采矿,发展乡镇经济。同时,邳州市政府也确立了以石膏开采加工为支柱工业的工业经济发展方向。到1997年,全市有包括民营企业在内的石膏矿13家,石膏板材厂1家,年产值1.6亿元。② 历史上,方志作为"官修"的"官书",是"官用"的,而在改革开发的新时代,志书为民所用,显然是方志应用所展示出的一个新特点。

第三,方志工作机构积极开拓方志应用的新途径,方志应用呈现出了多元化生动活泼的新局面。其主要表现就是:运用现代科学技术于方志应用实践,通过现代化电子信息技术,实现新方志的数字化、网络化,提升和改进用志功能,使用志更加方便、快捷、实用,改变了单纯以纸质载体阅读使用的方式。同时,在利用地方志内容编写各种材料方面,也拓展了新途径。这两种拓展方志服务功能的方式,都有突出的表现和成果的例证。如山东省即墨市史志办的做法是与广播电视局一起,探讨史志影视化的路子。他们以《即墨市志》为依托,结合各种地情资料、历史故事、传说,推出大型史志系列电视专题片——影视版即墨史志《话说即墨》,计划拍摄100集,利用现代传媒技术将地方历史文化传播到千家万户。到2006年末,已拍摄完成49集,播出后受到广泛好评。③ 甘肃省天水市志办公室采用编辑地方志丛书的方式来拓展方志应用途径。他们

---

① 《三门峡市志》第四册,北京:方志出版社,2010年,第1657页。
② 杜吉华:《地方志与地方经济的发展》,《江苏地方志》1998年增刊。
③ 张可先、李晓雁:《拓展史志服务功能的实践与思考》,《史鉴》2012年第2期。

第八章　方志资源的开发利用（中）

在完成编纂《天水市志》以及所辖5县2区志书任务的同时，本着服务经济建设、弘扬历史文化的宗旨，从2002年开始，组织力量，先后编辑出版了《天水之旅》、《天水古树》、《天水菜肴》、《玉泉观志》、《天水民俗》、《伏羲庙志》等多本地方志丛书和《历史文化名城——天水》画册及《封台山》、《伏羲庙》两本小册子，取得了较好的社会效益和经济效益。①

第四，重视总结和交流读志用志的经验，开展了方志应用理论的探索研究。在这方面，中国地方志指导小组发挥的作用十分突出。该小组不但提出做好志书发行和推动读志用志的要求，还提出"各地地方志办公室要认真总结如何发挥新编地方志在两个文明建设中作用的经验"的要求。② 2007年6月，又将2005年9月召开的全国读志用志工作经验交流会材料编成《新方志开发利用成果汇编》一书出版发行，并进行广泛宣传，有力推动了读志用志活动开展。与此同时，方志应用理论研究也受到广泛关注，对读志用志的指导思想、内容、方式方法、类型和特点、现实利用与长期利用、直接利用和间接利用、主要利用和参考利用、综合利用和分散利用的关系与区别等问题，都进行了探讨，并有较大进展。有的方志理论专著，如前面提到的刘斌、刘柏修主编的《当代方志学概论》、韩章训著的《方志学基础教程》等书，还设专门章节，对方志应用理论作了阐述。韩章训著的《方志接受学基础教程》，更以现代哲学消费理论为指导，以方志作者与读志的交互作用为基础，以总结当代方志应用经验为基点，在理论与实践的结合上，对方志的接受理论进行整合，系统研究用志问题，可以说是方志应用理论系统研究的重要成果。

全国方志应用实践和理论研究中呈现出来的这些特点，是历史上任何时代没有、也不可能出现的，它真实地反映了改革开放新时代地方志事业发展的正确趋向。修志为用，开发利用方志资源为两个文明建设服

---

① 刘玛琍：《甘肃省天水市编辑地方志丛书的几点体会》，《中国地方志》2005年第1期。
② 诸葛计：《中国方志五十年史事录》，北京：方志出版社，2002年，第693页。

务,是时代的需求,也是方志工作机构和方志工作者努力的方向、应尽的职责、崇高的使命。

三、用志情况调查和信息反馈

方志应用与方志编纂是一项长期持续的工作。方志应用的经济效益和社会效益好,对方志编纂的持续发展至关重要;反过来,方志编纂的水平提高了,志书的质量提高了,也有利于方志应用的群众化、社会化发展,有利于提高方志应用的经济效益和社会效益,更好地为两个社会主义文明建设服务。方志应用实践是检验方志编纂水平和志书质量的标准,通过用志情况调查和信息反馈,对改进方志编纂工作、提高志书质量,无疑有很大帮助。

进行方志应用情况调查和信息反馈,不但重要,而且也有必要。众所周知,读志用志活动具有广泛的社会性,读者群遍布各行各业,城乡各地的男女老少、干部群众都参与其中,他们对志书的审美情趣和要求千差万别,应用志书的情况大不一样,可以说是各有所好、各有所求,但有一点是相同的、一致的,即都希望读了能用得上、用得好、有收获。然而实事求是地说,"众口难调",质量再好的志书,也未必能满足所有读者的要求,他们用志后对志书的满意度自然也会有差别。通过调查和信息反馈,心中有了底,便有利于在以后的方志编纂工作中,作必要的调整和改进。

如何做好用志情况调查和信息反馈工作呢？以下两个实例可资借鉴。

武汉华夏地方志研究所在1991年6～9月间,曾与广水市地方志办公室对湖北《应山县志》发行后的社会效益作了调查。调查中,采用了点面结合、分阶段进行的做法,即:第一阶段作抽样调查,共发出调查表120份,收回105份,从中抽取100份进行统计。第二阶段进行典型调查,先后与20位读者进行座谈或访问。被访问者有公司经理、科技文化部门的干部、党政领导、教师、法律工作者等。

四川省《营山县志》出版半年之后,也作了同样的调查,但调查的内容不同,主要调查了解读者对志书特点的看法、对志书的使用情况如何、对书中存在的不足之处的看法。①

做好用志情况调查和信息反馈工作,要目的明确,计划周到,方法得当,更要认真务实,这是一项细致复杂的活动。迄今为止,各地大多倾向于对用志实例的收集,以展示当代方志事业的成就,像以上两地这样作深入调查的并不多。从方志事业发展的需要来说,这方面的工作尚需引起重视,有待加强。

---

① 见诸葛计:《中国方志五十年史事录》,北京:方志出版社,2002年,第398~399页。

第九章 方志资源的开发利用(下)

我国的方志资源十分丰富,不但有历代先人流传下来的8000种左右的方志,而且有20世纪80年代以来编纂的省(市、自治区)、地(市)、县三级志书和大量的各种专志和部门志。开发利用这些方志资源为两个文明建设服务,除了要有正确的思想指导外,还需方法得当,采用多种举措。对此,论者颇多,诸说并起,主要讨论了旧志如何开发利用问题,但各家见解大同小异。近数年来,随着科学技术的发展,各地用志的方式方法已有了新的发展变化。有鉴于此,本章择其要者数端,分别探讨。

一、方志目录的编制

方志目录是指记录志书的书名、编纂者、内容与收藏等情况,并按照一定的次序编排而成的目录,是反映馆藏、指导阅读和检索、利用、研究方志的工具。可见,编制方志目录是一件很重要的工作。著名方志学家傅振伦在论及方志目录问题时,曾说:"古今方志,宜列总目。凡国内外各地公私藏书家之所收存,各丛书之所刊刻,公私书目、史家书目之所著录,均应编入目录。其存、佚、缺、未见,亦并注明。其现存者,书出何处?保存何人?版本如何?亦宜附注。汇目既成,则修志者即可设法采集,据为蓝本,而分地、分

第九章 方志资源的开发利用（下）

时、分人、分事研究史学专题之士，亦有所依据，而便取材。"① 这番见解，对我们认识编制方志目录的必要性和编制方法，不无帮助。但以今天的眼光来看，把使用者局限于"修志者"和"史学研究之士"，则显有偏狭之嫌。

编制方志目录，首先要明确方志著录的范围。有人认为：根据对方志含义的认识，著录的范围应该包括：区域志（一统志）、省、府、厅、州、县志，都邑志、乡镇志、关、卫志等等。对于专志（目前对这一问题的看法还不一致）如何著录，还是值得研究的一个问题。② 从实际情况来看，其实专志中的资料也是很丰富、有价值的，对其进行著录，则有利于人们查阅、检索。尤其是自20世纪80年代以来，各种名目的专志和部门志纷纷出现，内容充实，资料丰富，这些是值得著录、也应当予以著录的。可与行政区域综合志分别列类著录。

确定方志著录范围以后，在编制方志目录时有几个实际问题应当注意并予以恰当处理。北京大学、武汉大学合编的《目录学概论》一书，曾有针对性地分别作了说明，其内容包括四个方面：

关于书名：著录时"书名前可考虑冠以纂修年号或纂修年号甲子。这样，见书名即知地方志何时纂修；而且一地方志在一个朝代纂修数部时，从书名上就可以区别。"

关于纂修人："地方志由私家编著，著录为'撰'；由官家主持纂修，则主持人著录为'修'，执笔人为'纂'；后人续修续纂者，亦注明'续修'、'续纂'，并均须注明时代，加括号。"

关于版本："写清版刻源流，记载版刻时代及刻本。"

关于附记："加注牌记说明著录根据。"

应当说，这些意见是有参考价值的。但就当代新编地方志书而言，著录时尚应从实际情况出发，例如过去的"纂修人"，今天有的志书只是署纂修单位名称，有的改称为"主编"；旧志为刊刻版本，不署出版单位名称，当代则有

---

① 傅振伦：《中国方志学通论》，北京：燕山出版社，1988年，第85页。
② 刘光禄：《中国方志学概要》，北京：中国展望出版社，1983年，第91页。

83

的志书为正式出版社出版,有的志书为编纂单位印制内部发行。这些,著录时均应作相应处理。

编制方志目录是传统之举。目前已有不少方志目录书传世,如朱士嘉主编的《中国地方志综录》、中国科学院北京天文台主编的《中国地方志联合目录》、中国地方志指导小组办公室编的《中国新编地方志目录》等,均可作为参考。

二、旧志校勘点注

旧志整理是方志资源开发利用中一项必要而又繁重的工作,而旧志校勘点校,则是旧志整理工作中的重中之重。

历史上纂修的志书,因纂修者受当时时代、阶级、观点、学识等多方面局限,或受传抄、刊刻欠慎的影响,存在某些错谬讹误和歧义费解之处,给读者读志用志带来了困难和不便。所以,对旧志进行校勘点注,是一项不容忽视、必不可少的工作。校勘点注的具体做法,各地大同小异,一般都是先收集同一种志书的各种抄本、版本,再取其中较好的一个本子作底本,与不同本子和有关资料核对,发现其讹误衍脱之处,即作批注订正。对原文中较生僻晦涩的典故、字义、音读、语汇和某些彼此牵涉的事件,则择要进行注释。校订者所加的文字,一般都用括号标出,以区别于原书正文,也有附于页末的。原文中的错别字,应予保留,以存原貌,订正的字置于括号内排其后。原文中有漏字,将增补字置于括号内以补足之。原文中的残缺字,暂时无从查找辨明补正的,利用"□"标明,缺多少个字就用多少个"□"。原文中有疑问处,则用"?"表示。有的经校勘点注的旧志,为便于读者阅读查考,还重新编制了新目录。经校勘点注后重新印行的志书,最好附一篇"校勘记"或"校勘说明",就其版本和源流、校注的必要性和校注的原则、范围、方法等,进行一些必要的说明。

校勘点注不是一般的技术工作,而是一项非常严肃的、细致的学术研究工作,必须认真对待,绝对不可马虎大意,轻率下手。遇有疑点难点,要向有

第九章 方志资源的开发利用（下）

关专家请教,要提出来集体研究;要勤于查考,得实而后行,万不可强不知以为知,以免留下遗患。

陈明猷校勘、宁夏人民出版社1982年出版的明胡汝砺编、管律重修的《嘉靖宁夏新志》,校勘工作做得较好。校勘者陈明猷的《校勘说明》,内容翔实周到,尤其值得称道。这里录附以供参考。

[附]校勘说明

一、本书根据宁波天一阁所藏《嘉靖宁夏新志》(1961年上海古籍出版社影印本)分段校点出版。原书卷二中缺第十九页和第二十六页,本书从宁波天一阁所藏《弘治宁夏新志》卷二中节录相应的内容,分别附于有关正文之后,以供参考。

二、原书目录过于简略,且有同正文次序不相符者。今根据书中实际内容,制定含有子目的新目录刊于书前,而仍保留原目录于后,以备对照。又原书前三卷内容繁多,但缺乏细目,不便于阅读,今新制定前三卷及其中某些章节的细目,分别刊于有关正文之前。凡以上新加的目录均用宋体字排印,并于其起讫处用方括号标出,以区别于原文。

三、本书卷四至卷六,内容均为编年体历史。为便于查阅,本书于每节开头的各朝代干支纪年之后,一律用方括号加注公元纪年。此外,于某些需要加上数码标明序列的地方,亦用方括号标出。

四、为适应更多读者的需要,本书采用简化字,且一律以国务院已正式颁布通用的为准。个别专用名词中的字(如哈剌木口、满答剌渠中的"剌"字)和简化后容易引起歧义的字(如"併並边小砦"、"元昊后房生一子"、"筑墩于岗上,瞭至山脚,狐兔皆见"、"鸡犬鸣吠,达于瞭台"、"出战率用隻目"等句中之"併"、"並"、"后"、"瞭"、"隻"等字),则仍保留繁体字,不加简化。

五、经校勘,认为原书错误并加以改正的地方,均作简要的校勘记附于各章节之后,而某些明显属于误写、误刻的字,予以更正,而不一一列校勘记。原书中反映封建观点的用词(如称少数民族和起义群众为

"虏"、"寇"等),则保留历史原貌,未予更动。

六、原书中的夹注采用双行小字,本书一律改为单行小字排印。书中所引录的诗文,本书都将它分段独立,以求眉目清楚。

七、本书在校点出版过程中,承中国历史博物馆王冠倬同志和宁夏人民出版社同志的热心帮助,谨致谢意。书中错误和不妥之处,恳请读者指正。

陈明猷

三、方志提要的编写

编写方志提要,是方志资源开发利用工作中的一项要务,因为各种方志目录,只能提供一个粗略线索,要进一步了解和把握志书的内容,就得依靠方志提要。

方志提要是在志目汇编的基础上,增加纂修者籍贯、简历、工作业绩、学术成就,以及本志纂修始末、记述范围、基本篇目、体例特点、内容概要、社会影响、版本源流等内容而编写成的。所以,方志提要不是任何人可以信手写就的,方志提要编写者不但要有较高的方志学、历史学、地理学、训诂学、目录学、版本学等修养,还要在编写提要之前阅读志书,熟悉志书的内容、体例和有关资料,做好必要的"功课",充分准备,才能以简洁的语言,写出概括性的、准确的提要。

1982年5月中旬在武汉举行的中国地方志整理编纂工作座谈会议,曾提出《中国地方志整理规划》(草案),其"附录一"为《关于编撰出版〈中国地方志提要丛刊〉的建议》。其中对书名、作者、版本、内容、篇幅等的编撰,都有具体要求:

(一)书名

以卷端书名为主,若有异名,则加说明。如遇稿本、抄本无书名者,则需另拟,并说明拟名的原因和意义。

原来书名前冠有年号的,照录;无年号的,增补。均加括号。如遇隔朝递修者,记其最后成书年月,并记递修经过。

(二)作者

修者记其当时的职称。

纂者简介字号、年里、经历、著作等,并注明碑传出处。如遇多人,应查考本书或后修方志的序跋。求得实际修者及编纂者,多人加"等"字(可参考《中国地方志联合目录》的作法)。

(三)版本

记刻行年月,不记重印年月。若内容有所增补,应加说明(例如光绪某年刻本,而纪年到民国某年)。

(四)内容

简介内容,指出重点(如重要史料及有地方特点的资料),列其篇目(不列细目),述其编修沿革,与前后志的比较。若引用别人的评论,则注明出处。

如序跋和本书经籍志中记述佚志,须加注出。

如系古本、善本,应提出如何整理重印的意见。

(五)篇幅

每篇提要的字数,控制在500~1000字。

条目问题:续书可单独立目,重刻本重印内容无增补者,只在图书下说明,不列条目。①

"建议"提出的这些编纂要求,虽已过去30年,但其可操作性依然适用,对今天编纂方志提要工作仍有参考价值。

凡事贵在认真。编撰方志提要是一项精细工作,应细心行事,马虎不得。

---

① 引见《关于编撰出版〈中国地方志提要丛刊〉的建议》,《中国地方史志》1982年第4期。

四、方志资料类编的辑录

类编方志资料,是方志资源开发利用的一个重要方式,也是一项主要内容。方志资料类编,就是将方志中的各种资料分类辑录,然后汇编成册提供使用,以达到"古为今用"、为两个文明建设服务的目的。要做好这项工作,必须先了解"今用"的实际需求,做到社会需求什么资料,就根据轻重缓急的情况,采取急用先编的办法,及时选编,以应使用;其他非急用的,可酌情安排,有计划地进行选编,有的还可以先选编以待应用。有些选题专业性强,方志工作机构难以承担,可以吸收有关业务单位、学术研究部门参加,以保证类编资料的质量。

类编资料是提供给各行业、各学科研究部门和广大群众使用的,是提供给党政领导作为施政决策参考用的,是为社会主义物质文明建设和精神文明建设服务的,所以广为人们重视。自中华人民共和国成立以来,已取得了大量的重要成果,其中如中国农业科学院中国农业遗产研究室编的《方志综合资料》、《地方志·分类资料》、《地方志物产》,北京天文台主编的《中国天文史料汇编》、《中国古代天象记录总表》,中国科学院地震工作委员会历史组编的《中国地震资料汇编》,以及水利部、气象局有关部门在编史修志过程中搜集各地旧志资料编辑整理的水旱灾害和气象灾害等专题资料,都是全国性的成果。"这些成果对决策层认识自然规律,进行工程设计、城市规划,进行科学决策,制定发展战略,开展经济建设等,均发挥了重要的作用"。[①]

类编的方志资料,是供参考用的,"有用"是基本的要求。所以,为求"有用",一要全,二要准。著名方志学家朱士嘉先生对此十分重视,他指出:"整理资料,要注意全不全,准不准,尽量找第一手资料,找原始记录。往往同一种记录,辗转翻刻,愈后出者讹误愈多。同一事物有不同记录者,则宜旁搜

---

① 田嘉:《在全国地方志系统旧方志整理与开发利用研讨会上的讲话》,《中国地方志》2005年第10期。

第九章　方志资源的开发利用（下）

博访，进行考证，说明情况。"①

类编资料的选题，切不可受个人喜好的影响，一定要从社会主义物质文明建设和精神文明建设的客观需要出发。同时，也要考虑地方志书的实际情况。凡不符合两个文明建设需要的资料，概不进入选题范围；志书中记载的内容虽与两个文明建设相关，但因资料太少太薄弱，也不能作为选题。

方志资料类编的分类，是方志界关注的问题。中国地方志整理编纂工作座谈会提出的《中国地方志整理规划》（草案）的"附录二"是《〈中国地方志资料汇编〉分类目录》，其分类之法，是按自然、经济、政治、军事、社会、文化、科技、人物分类编排，大类下再分小类。② 朱士嘉在《整理研究地方志刍议》一文里，也提出了按阶级斗争、生产斗争和科学实验资料、宗教资料、其他资料分类的办法。③ 董一博的《关于旧志整理工作的建议》一文，则细分为经济、军事、政治、科技、文化、教育、重大自然灾害、天文、地质矿藏、森林古木、珍奇动物、植物花木药材、民情风俗谣谚、名胜古迹、爱国主义等15类。④ 这些分类方法，都有参考价值，可以根据志书资料情况酌用。但细加思索，这些分类选题，大都是从20世纪80年代的情况考虑的，在今天看来，也还存在一些偏失之处。例如对社会道德层面的选题，关注度就明显不足。社会道德是精神文明建设的重要内容，对社会的稳定和发展影响极大，地方志中不乏诚实守信、敦亲睦邻、父慈子孝、尊老爱幼、热心公益、排解纷争等内容的记载，类编此类资料或编写成可读性较强的读物，提供给社会和中小学作为乡土教材，其价值和作用当不容小觑。再如志书中记载的清廉、贪腐典型事迹，也有警世的意义，应在辑录类编之列。

中国地方志志指导小组1984年3月在天津召开旧方志整理工作会议，会议《纪要》中指出："在类编资料时，应贯彻'全面取材，重点类编和求训致

---

① 朱士嘉：《关于旧志整理工作的设想》，《湖北方志通讯》1984年第5期。
② 《中国地方志整理规划（1982～1990）》（草案），《中国地方史志》1982年第4期。
③ 李泽：《朱士嘉方志文集》，北京：燕山出版社，1991年第119～120页。
④ 见《董一博方志论文集》，开封：河南大学出版社，1989年，第93～94页。

用'的原则,注意做到近期和长远结合、历史和现实结合,整旧与纂新结合。"同时,还提出了类编资料的要求及其注意事项:

1. 选辑类编资料,应以县志为基础,兼及一统志、通志、省志、州志、府志、乡镇志等。

2. 选辑类编资料,应保存资料的原貌及其完整性,不得增删或修改。

3. 选辑类编资料,应注明方志名称、编纂年代、版本、册数、卷数、页数。如遇一事几说,可采取诸说并存,也可以采取加按语或附记说明的方式。

4. 选辑类编资料,应力求完备,能够说明情况和问题,并突出地方特点。

5. 选辑类编资料,应断句标点,精心校对原文,以免发生错误。

6. 选辑类编资料,应充分发动和依靠各级方志机构,动员社会力量。具体做法上,各地方可以从实际出发确定,不必强求一律。最后,由省级编委会汇编成册出版,内部发行。①

这些意见,对于方志资料类编工作,无疑是具有指导意义的。但类编的各种方志资料是否都要"由省级编委会汇编成册出版,内部发行",则似应从实际出发,酌情而定,不必强求一律。

五、方志索引的编制

索引,辞书解说谓:旧称"通检"或"备检";也有据英文 index 音译为"引得"的。索引是"将图书、报刊资料中各种事物名称(如字词、人名、书名、刊名、篇名、内容主题名等)分别摘录,或加注释,记明出处页数,按字顺或分类排列,附在一书之后,或单独编辑成册……是检寻图书资料的一种工具"。②

---

① 录自《中国地方志通讯》1984 年第 3 期。
② 《辞海》,上海辞书出版社,1979 年,第 326～327 页。

方志索引即是将志书中的人物、地点、机构、职官、物产、文献、语词、事件、图表等,按一定的格式加以编排,注明出处,以供检索的一种工具。傅振伦在《中国方志学通论》中论及方志篇目索引之编辑时就说:"方志之作,皆有家学,各具心裁。分篇命意,亦自不同。有极繁复者,有极简单者,类目相同者固多,而互异者亦复不少。凡此之类,均应汇列名目,为各种索引。何者为初创?何者为特例?一目而并见若干书?一书而有若干目?——编为索引,注明书名、卷帙,使研究方志者,按名索骥,甚为简当。"① 历史地理学家陈桥驿教授对编制方志索引的重要性和必要性,也曾有所论述,发出呼吁。他说:"在没有索引的方志书海中搜寻资料,如同在没有灯塔的海洋中航行,往往劳碌终日,久无所获。"②

关于新编方志编制索引的问题,是 20 世纪 80 年代末提出来的。在 1988 年 4 月全国地方志年度工作会议上,一些专家提出了志书的检索问题。1989 年 12 月 25 日,李乐云在当日出刊的《中国地方志》第 6 期上,发表了《应该重视新志书的检索性》一文。后经陈桥驿等人的大力倡导,引起了方志界的重视。因而 90 年代之后出版的新编志书,编制索引的日渐增多,且编制索引的水平也日渐提高。

新编志书索引的种类,大致有图照索引、表格索引、分类索引、目或子目索引、要类索引、人名索引等,有的还列有主题索引。这些索引,各具特色,各地一般都从实际出发,择其中的某一种或几种编制,列于书末。1991 年出版的浙江《龙游县志》卷末的分类索引设有大事、机关团体与单位、人物、事物四类索引。1996 年出版的浙江《绍兴市志》有 543.5 万字,45 卷,正文五册,索引一册。索引收录目和子目两种名称,按目名、子目名及其所在的册、卷、页、栏别顺序排列,目名、子目名统一按首字笔画数多寡排列,起笔部位从习惯。

索引是新编志书的有机组成部分之一,编制索引是方志编纂者的重要

---

① 傅振伦:《中国方志学通论》,北京:燕山出版社,1988 年,第 86 页。
② 转引自任桂全:《论地方志索引》,《中国地方志》,1998 年第 3 期。

任务,体现了方便读者的服务精神。编得好的志书索引,为用志者提供了方便,有助于利用志书效率的提高。因此,新编志书时,也应认真考虑编好志书的索引问题。但从实践情况来看,这一方面的努力尚嫌不够,目前已见的一些志书索引还存在诸多问题。据赵峰、顾海英二人研究发现,新编志书索引存在的问题主要表现为:①标引范围广度不够。索引范围偏窄,大事记、表格、图片及附录的文字内容成为检索的"死角"。②索引取词不规范,存在口语化倾向,一些标目用词直接照搬标题或条目名称,没有进行必要的规范。③索引种类单一,基本上都是单一的综合主题索引。④索引参照系统薄弱,很少使用全面的参照系统,很少见到"见"、"参见"之词,不方便读者检索。为提高索引质量,他们提出了六个注意事项:①志书索引的规模要适当;②索引种类要多样化;③索引选取范围要适度;④索引内容选取要符合标准;⑤标目用词要规范化;⑥索引应该有参照系统。①

六、地方志丛书的编写

有人说"方志有百用,就怕你不用"。确实是这样,用了,还会产生经济效益和社会效益。但是要用方志,所需的志书却是不容易得到的,客观上存在两个难点:一是旧时流传下来的志书总的数量虽多,而具体到某个地方某部志书,却往往稀缺难见;二是新编的志书部头大,价格高,使用不便,一般个人极少购买待用。"这两难",成了读志用志活动走向社会走向民间的"瓶颈"。另外在用志观念上,人们大多把目光凝注在类编资料提供应用上,思想不够开放,视野略欠开阔。面对这种情势,各地在读志用志活动中,从理论和实践两个方面进行了破解性的探索。有人认为:"新编地方志要面向社会,适宜于各种需要,必须进行资源深开发,在出版内容和形式上,进行二次加工。这是解决方志资源从馆藏密室走向社会民间的关键。"②有人主张"充分利用志书提供的基础资料,将其转化成普及型的乡土教材,进行地情、国

---

① 详见赵峰、顾海英:《地方志索引基本问题思考》,《中国地方志》2006 年第 9 期。
② 邓富生:《21 世纪方志资源开发利用战略构想》,《中国地方志》2000 年第 1 期。

情教育,爱国主义、革命传统教育"。① 有人提出:"根据对使用动向以及实际需要的了解,把握地方的工作动态和基本形式变化,编研专题实用书,主动为社会提供应用。"②这些意见和建议,都是切实可行的。与此同时,一些地方还在实践中进行了探索。例如 1994 年河北省丰宁县志办公室就曾利用《丰宁县志》中的资料,编写了《丰宁旅游大观》一书,由中国和平出版社出版,发行了 10 000 册,使该县的知名度得到提高,第二年便使全县旅游业呈现出高密度、高层次、高效益的发展特点,接待了国内外游客 5.3 万人次,旅游业务收入达 200 万元;通过开发旅游业引进资金 2 800 万元,涉及 13 个技术项目,24 个合作开发项目。③ 甘肃省天水市市志办公室编辑地方志丛书的做法,效果也很好。④

利用地方志资料编写地方志丛书等专题实用书,必须在调查研究的基础上进行,才能与社会的需求吻合一致,切于实用,收到实效。这个调查研究工作,主要是两个方面:一个是"注意调查社会各层次的使用要求,使我们的主动性不至于脱离现实基础";另一个是"在编研之前,要对资料进行广泛细致地分析、研究",从而"熟悉资料,对资料的潜在使用价值,具有敏感性,力求使专题实用书取得最佳使用效果,从而产生比较广泛的社会影响"。⑤

实践证明,编纂地方志丛书等实用书的效果是好的,是开发利用方志资源的重要途径之一。但迄今为止,各地不约而同地都把目光和精力倾注于旅游方面,开拓面偏狭。从长远来看,诸如思想内容健康的民间故事、传说,富有特色的地方民俗,尤其是良好社会道德的养成和传播,都应当在搜集资

---

① 郦家驹:《在新疆维吾尔自治区部分地州市县志办主任会议上的讲话》,《中国地方志》1992 年第 1 期。
② 韩慧玲:《利用方志资料编研专题实用书之管见》,载《江西地方志论文选集》,北京:方志出版社,2003 年,第 410 页。
③ 苑凌云:《县志服务现实十例》,《中国地方志》1997 年第 4 期。
④ 参见前章第二节。
⑤ 韩慧玲:《利用方志资料编研专题实用书志之管见》,载《江西地方志论文选集》,北京:方志出版社,2003 年,第 410 页。

料和研究的基础上,确定选题来编写。这方面的工作做好了,其产生的社会影响将是积极的和长远的,带来的社会效益还可能是经济效益无法比拟的。

另外,山东省即墨市史办公室与市广电局合作拍摄大型史志系列电视专题片,利用现代传媒传播地方历史文化的做法,效果也很好,值得推广。①

七、网络化建设与方志应用

加强网络化建设对推动用志活动有着十分重要的意义。中指组《关于地方志编纂工作的规定》第二十条指出:"各级修志机构,要组织和推动用志,要运用现代化的手段建立方志地情资料库,推向社会,逐步实现信息网络化。"这一规定,为方志资源的开发利用指明了一条新途径。

把经过系统整理的各类方志资料输入电脑,并将全省和全国的电脑联网,建立起各地共享的地情资料库(即地情信息库),将带来地方志资源开发利用的途径与效果的翻天覆地变化。现在,许多地方志工作机构已经建立了地情网络,越来越多的新编志书被数字化,从而为广大读者查寻所需的志书资料提供了极大的方便。"这种读志用志的便捷程度和广泛程度,是历史上任何时期都无法比拟的"。② 所以,加强地方志信息数字化、网络化建设,运用现代化手段推动读志用志活动的广泛深入开展,实现全国方志资源共享,是一项意义重大而又深远的事业。

以上七个方面,既有传统的做法,也有当代与时俱行的举措,反映了当代的方志资源开发利用工作的继承与创新相结合的实际状况,从一个重要侧面体现了当代方志事业的新面貌和新发展。

---

① 参见前章第二节。
② 朱佳木:《大力弘扬创新精神,把地方志工作不断推向前进》,《中国地方志》2011年第5期。

第十章　方志应用的持续发展

地方志事业作为我国社会主义文化事业的一部分,需要持续发展,以为社会主义物质文明建设和精神文明建设服务。因此,方志应用与方志编修都不是权宜之举和短期行为,而是与时俱行,持续发展的。发展快或慢,好或差,都与客观社会因素和方志工作机构及其人员的努力密切关联。如何促进方志应用活动顺利地向前发展,更好地为两个文明建设服务,是方志应用理论研究中面对的一个重要课题。

一、方志应用持续发展的有利条件

修志为用,这是古今不废的公理。用志的主体是读者,读者有用志的需求才会有用志的行动。用志带来的良好效益会激发群众用志的热情,使读者群体不断扩大,为方志应用持续发展提供有利条件。

从历史上看,编纂地方志的传统虽然延续了下来,但由于修志的目的只是为当时的统治阶级服务,所以读志用志者也只是当时统治阶级中的少数人,普通民众往往限于生活境遇和文化缺失的原因,没有、也不可能产生读志用志的奢求。正是因为这个原因,使长时期以来方志应用虽被延续,却未能在声势规模和应用范围方面得到发展(拓展),而且限制了方志资源正能量的发挥。

新中国成立后,在"古为今用"方针指引下,读志、用志之举主要在科技和文史工作者当中盛起。中国共产党十一届三中全会以后,随着社会主义新方志编修工作的逐步开展,修志人员从旧志中采集有价值资料以编修新志,促进了开发利用旧方志资源的风气在全国范围蔚然而兴。尤其在1996年5月全国地方志第二次工作会议后,读志用志活动勃然大发,其影响也从地方志工作机构扩及社会各界民众,有的甚至主动找上门来要买志书、借志书,以应所需。例如杭州某房地产开发有限责任公司的工作人员,先打了电话给萧山区地方志办公室,要求购买《西兴镇志》,得知对方只借不卖的信息后,便乘了公司专车赶到萧山区志办公室借了这部志书,以供公司决策层阅读,作为拓展业务参考和指南。① 从各地反映的方志应用情况来看,社会上对读志用志的需求很大。山东省地方史志办公室在一篇报导该省读志用志成果的文章里,就列举了资政决策、革命传统教育和爱国主义教育、科学研究、解决历史遗留问题、申报世界文化与自然遗产、建设历史文化名城、为经济建设服务、解决两县海域勘界争端、解决宅基地纠纷和商标纠纷,以及联系海外宗亲、加强对外文化交流等方面的实例。② 凡此,都反映了社会及群众有应用方志的广泛需求,说明扩大方志应用范围,让方志走向社会、走向民间具有良好的基础和较大的可能性。方志应用范围扩大了,相应地读者群也就随之扩大。

不但国内读者群在不断扩大,而且,随着我国国际交往日益频繁,国际声望日隆,来华留学人员大量增加,孔子学院在许多国家开办,我们的朋友遍天下,世界希望了解中国,或因研究的需要,或为了与中国进行经济和文化交往,有读志用志心愿的人越来越多。在国外的华侨、华人,因思念祖国家园,也企盼读到有关的志书。例如颜氏祖籍地山东省曲阜市新编的《陋巷志》,2002年10月在颜氏宗亲联谊大会上,来自世界各地的600多名颜氏后

---

① 汪志华:《志事琐记》,《中国地方志》2006年第2期。
② 山东省地方史志办公室:《史笔聚精华用志结硕果》,《中国地方志》,2004年第5、6期。

裔看到后,就纷纷购买。这部志书,已发行到十几个国家,受到海外华侨、华人的欢迎,并成为曲阜市政府赠送外国友人和华侨、华人的珍贵礼品。①

国内外读志用志需求的增加和读者群的扩大,对方志应用的持续发展十分有利。

二、方志应用持续发展的机遇

改革开放带来了我国经济健康、快速的发展,因而文化的发展成为客观的需求和必然的趋势。在这样的背景下,2011年10月15～18日,中国共产党十七届六中全会召开,审议通过了《中共中央关于深化文化体制改革推动社会主义文化大发展大繁荣若干重大问题的决定》,提出文化强国的建设目标。

方志文化是中华民族传统优秀文化的重要组成部分之一,因此,"深化文化体制改革推动社会主义文化大发展大繁荣",也是当代方志人应当肩负的重任和使命。

关于方志文化的内涵,方志界人士有多种见解:有人认为方志文化就是地方志书。有人把方志文化划分为两个层次,第一个层次为地方志书和综合年鉴,第二个层次为对地方志和综合年鉴进行加工整理而产生的附加信息资源。也有人从文化结构论的角度来理解,将广义方志文化划分为物质文化、制度文化、精神文化三个层面,认为:物质文化层面是指地方志事业发展中所产生的物化产品,包括各类地方志书、年鉴以及对地方志书和年鉴进行加工整理而产生的附加信息资源;制度文化层面是指地方志发展过程中形成的方志基本理论、基本原则、基本规范,地方志工作中建立的法律法规、工作制度等;精神文化层面是指方志人的精神状态,如思想境界、价值观念、

---

① 山东省地方史志办公室:《史笔聚精华用志结硕果》,《中国地方志》2004年第5、6期。

道德意识、思维方式,以及方志产品中蕴含的精神品质等。① 这些见解,都有可取之处,但也都有偏狭之处。第一种见解把地方志书与方志文化完全等同起来,显然不妥,因为地方志虽是方志文化的重要表现,但不是方志文化的全部。第二和第三种见解都反映了方志文化内涵的广度,但却没有延伸到极其重要的方志资源开发利用即方志应用方面。从方志"古为今用"和"修志为用"以及方志资源开发利用的具体实践来看,方志应用都是一种方志文化现象。由此我们便能够推论:方志应用是方志文化内涵的一部分,方志文化是中华文化的重要组成部分之一。因此,"深化文化体制改革推动社会主义文化大发展大繁荣"政策的出台,使方志应用的持续发展有了一个绝好的机遇。珍视和把握好这个机遇,方志应用的可持续发展是能够顺利实现的。时不我待,机不可失,作为方志文化的建设者和践行者,各级方志工作机构和每一个方志人都应当积极投入包括方志应用在内的方志文化体制改革和发展建设中去,尽一份力,作一份贡献。

把握机遇,贵在真抓实干,不要空谈。就方志应用的持续发展而言,在相当长的一段时期内,主要有三个方面的工作要抓紧抓好:

第一,方志应用的对象是志书,要努力编纂出质量优秀的新志,整理与出版旧志,为方志应用提供基础,这是方志应用持续发展的前提条件,否则,方志应用便成了无源之水,无本之木。

第二,要改革用志方法,建立用志基地,拓展方志资源开发利用的渠道,推出更多的方志产品(如地方文化专题丛书、地方史志电视专题片、乡土教材等),从而丰富文化市场。为使这方面的工作对口适用,要多做一些用志需求的调查研究;对社会上、民众中因用志而产生的经济效益和社会效益实例,要及时宣传、广泛宣传,以扩大影响,引导更多人参与读志用志活动。

第三,要在方志资源开发利用的基础上,做好经验总结推广工作,开展方志应用理论研究,为建设方志应用学尽心尽力,以利于用科学的方志应用

---

① 详见萧艳娥:《物质·制度·精神——关于方志文化建设的思考》,《中国地方志》2012年第1期。

第十章　方志应用的持续发展

理论来指导方志应用工作,更有效地开发利用方志资源,更好地为两个文明建设服务。目前,我国这方面的工作还比较薄弱,当代方志人应该勇担其任,不但在方志应用和方志应用理论建设上作出贡献,也要为发展和完善方志学学科体系尽力。

这样,把抓机遇、促发展落实到行动上,将具体实践和理论研究并举,则方志应用的持续发展之路,便会越走越好,越走越扎实,越走越快,越走越远,越走越宽广。

三、当代方志应用发展的突出表现和成就

用志先要读志,不读志书便不了解志书中记载的内容,便无从获取其中有价值的、有用的资料,也就无法对其开发利用,为两个社会主义文明建设服务。所以,有人说"读志是用志的基础,用志是读志的延伸和升华"。[①] 但传统读志的方式,面对的是一部部印刷型志书,阅读既不方便,效率也不高;有时要找一本自己需要的志书来读,还很困难。这种状况,显然不利于读志用志活动的开展。

1996年5月,时任国务委员、中国地方志指导小组组长李铁映同志在全国地方志第二次工作会议上,提出了改革用志方法和建立方志馆的要求。此后,各地纷纷改革用志方法和建立方志馆。这可视为读志用志活动持续发展的新起点。

▲改革用志方法

1997年5月,中国地方志协会学术年会在昆明举行,中国地方志指导小组副组长、中国地方志协会会长王忍之同志出席并讲话,他提出:首轮志书编纂完成后,要大力开展读志用志活动,"一是要编写普及本或叫简本,从几百万字的篇幅中提炼,编出一个二三十万字左右的简本,把原来方志中最重要、最精彩、最为大家所关注的那些方面和事情,写到简本里去推荐给广大

---

① 汪毅:《新时期方志文化建设的表现、传播及参与》,《中国地方志》2012年第7期。

读志者,令广大读者能买能看、爱看。";"二是要编写一些专门的小册子或文章,为两个文明建设服务";"三是主动为各地的党和政府的决策提供服务,向广大群众做些报告、演讲,以宣传本地区有重大意义的一些事情"。①

改革用志方法的呼吁和倡导,在全国方志界引起了强烈反响。经过一番努力,简本志书、地情书、小册子,志书展、读志用志知识竞赛活动等相继出现,一些地方还编拍了宣传志书内容的电视剧和资料片,出现前所未见的读志用志热潮,且形式多样,精彩纷呈。

用志方法的最大变化,莫过于随着信息技术的发展,特别是互联网的普及带来的方志资源开发利用途径和效果的变化。2011年3月,中国地方志指导小组常务副组长朱佳木同志在全国省级方志工作机构主任会议上讲话时称:"(现在)已有400多个地方志工作机构建立了地情网站,越来越多的志书在出版的同时被数字化。广大读者只要坐在办公室或家中的电脑旁,就可以看到电子版的志书,有检索功能的,只要点击关键词,就可以很快查到自己想要的志书资料。这种读志用志的便捷程度和广泛程度,是历史上任何时期都无法比拟的。"②第二年4月,他在全国省级方志工作机构主任会议上说:"据统计,截至2010年底,全国方志工作机构建设的地情网站已有502家,其中省级23家,市级151家,县级328家。"③地方志信息数字化、网络化建设的快速发展,标志着运用现代化手段推动读志用志活动,实现全国地方志联网和方志资源共享的时代已经到来。

据有关报导,北京籍古轩图书数字技术有限公司开发的《中国数字方志库》建设已初具规模。该数据库先期收录1949年以前地方志类文献万余种,涵盖了宋、元、明、清及民国时期的稿本、抄本、刻本、活字本等各种版本,

---

① 中国地方志指导小组办公室编:《中国方志通鉴》(上),北京:方志出版社,2010年,第527页。

② 朱佳木:《大力弘扬创新精神,把地方志工作不断推向前进》,《中国地方志》2011年第5期。

③ 朱佳木:《不断增强依法修志的能力,推动地方志事业大发展、大繁荣》,《中国地方志》2012年第5期。

第十章　方志应用的持续发展

全国各公共图书馆、大专院校图书馆、博物馆及私家所藏的孤本、稀见本、批校本、题跋本等,各个历史时期的全国总志、各级地方志,以及山水志、水利志、名胜志、祠庙志、园林志、民族志、游记、边疆和外国地理志等。是目前数量最多、旧志较全的方志数据库。具有目录标题全文检索、简繁体字模糊检索、在线阅览等功能。

用志方法改革的这些努力,是当代方志人对方志应用持续发展作出的贡献,正如有人所说:"随着科技发展的日新月异,传承区域历史记忆的数字化,堪称方志文化表现的革命,提升并放大了方志使用和传播功效。"[①]

▲读志用志基地建设

方志馆的名称,起于民国时期,当时是修志机构之名。我们现在建立的方志馆,是一个保存地方志书和资料、展示修志成果、便于市民查阅方志的场所,也是开展读志用志活动、开发和利用地方志资源的基地。所以,当代方志馆的出现,是方志应用发展的必然结果。目前,大部分省已建成或即将建成方志馆,有的市、县也建立了方志馆(室)。

方志馆的作用,已经受到各级方志工作机构的重视,今后如何进一步发展,也引起了人们的关注。有人认为,"方志馆就应该是地情馆","应该像志书横陈百科那样,用沙盘、实物、模型、挂图、雕塑等展品,声光电等技术手段,分门别类地介绍本行政区域内的政治、经济、文化、社会、交通、地理、气候、物产等情况。它既可以成为对广大群众和青少年进行地情国情教育的场所,开设面向市民和大中小学生的地情知识讲座、开展方志学术研讨,又可以起到与历史博物馆、城市博物馆互补的作用,成为展示中国独特文化现象的标志性建筑……使它的效益最大化"。[②] 也有人说:"方志馆的建成,使地方志资料有一个安身之所,地方志事业有一个活动的基地。但是不能满足于此,而是要成为面向全社会开放的开发地方志资源的公共场所。作为

[①] 汪毅:《新时期方志文化建设的表现、传播及参与》,《中国地方志》2012年第7期。
[②] 朱佳木:《大力弘扬创新精神,把地方志工作不断推向前进》,《中国地方志》2011年第5期。

地情信息数据中心、地情学术交流研讨中心、对市民开放的地情展示和教育中心,应该成为多层次全方位地开展地情研究活动的重要场所。"这样,全国各省、市、区和地级以上市都建立了方志馆,县(市、区)建立了方志室,便"形成层次不同、遍布全国的地情教育、地情研究、地情开发网络"。① 这些主张和设想,有的已经实现,有的正在逐步推进。

读志用志基地方志馆的建立,"为地方志研究和社会广泛利用这些成果提供了物质基础,为方志事业发展,也为地方文化结构增添了新内容","为地方志成果跨地区交流和研究创造了条件,必将为促进地区间的文化交流做出更多的贡献"。②

---

① 陈泽泓:《从"志后工程"到方志事业可持续发展》,《中国地方志》2012年第9期。
② 邓富生:《21世纪方志资源开发利用战略构想》,《中国地方志》2000年第1期。

第十一章　方志应用理论建设

实践出真知,理论源于实践。科学的理论是在社会实践基础上产生并经过社会实践的检验和证明的理论。方志资源开发利用需要这样的科学理论指导。

回顾方志应用的历史,长时期以来虽有方志应用之举,却没有方志应用理论的指导,原因在于方志应用理论研究鲜有人问津。20世纪80年代兴起的新方志编纂大潮,曾带动全社会开发利用方志资源,只见方志编纂理论研究如火如荼,却未见方志应用理论研究有声势,且不说方志应用理论专著至今凤毛麟角,单篇理论文章也寥若晨星。可见,方志学学科建设已经呈现出畸形发展的状态,方志应用理论研究薄弱实际上成了建立现代科学意义上的方志学科体系的明显软肋。

方志学学科体系的建立必须从实际出发,把握重点,突破难点,克服弱点。在当前和今后相当长一段时期里,加强方志应用理论建设,应当是摆在当代方志人面前的当务之急。

一、方志应用理论研究现状

从开发利用方志资源的实践中,社会各界对地方志的价值和功用,有了真切的感知和认同。尤其令人欣喜的是通过对读志用志活动的经验总结,方志应用理论的研究也已初步兴起。从发展的眼光看,这一情势清楚地表明,方志应用实践和方志应用理论研究都大有希望,有美好的发展前途。然而冷静地审视现实,我们还是可以发现,成绩虽然不小,形势虽然大好,但不足之处尚存,缺点还是不少,有人就曾实事求是地直白指出这样一些现象:"用志仍局限于志书的资料,局限于我们修志系统本身。用志的形式显得零碎,多是方志部门根据需求提供一些信息资料,或出一些地情书,或查证、论证一些事件,提一些建议。遇一件做一件,想一件做一件,应时而做,应需而做,缺乏计划性、整体性。对方志资料的开发利用主要表现在编纂出版各类地情书……社会很难接触到纸质的地方志书,除了研究者、学者查阅,普通百姓能够看到和读到的很少,更难参与开发利用。读志用志由于缺乏多样主体,只能成为方志系统的一项工作,形成我修我用的局面。"①

正确认识和对待读志用志的客观现实,是我们继续前进的起点。大家知道,事物的发展有自身的规律,总是沿着从无到有、从初级到高级的方向逐步向前发展的。对于方志应用实践中优点、成就和缺点、困难,应持从实际出发的客观态度看,忌带主观性。首先应当肯定,目前,读志用志活动尚处在初兴时期,方志工作机构自身所采用的这些用志形式,是应时而做,应需而做的,编纂出版各类地情书等等,都是探索性的,正常的,较之历史上那种修志机构只修志不用志,是一大进步,今后,这些用志形式还可以继续采用,还可以根据实际需求这样做。但是,这不应当成为今后方志应用工作故步自封而裹足不前的理由,用志的途径和方法还是应当用发展的眼光探索拓展,尽可能实现用志多元化。其次,用志缺乏计划性、整体性的状况也不应当任其常态化,如何让社会方便地接触到纸质的地方志书、普通百姓能够看到和读到地方志书等等,也都需要采取切实措施作出改善。而这一切,都不是谁能够眉头一皱、计上心头便能处理好的,从根本上说,还是需要从理论上进行具体、深入的研究,才能找到正确有效的办法来解决,盲目的实践

---

① 王卫明:《从社会发展、政府职能谈地方志的未来》,《中国地方志》2012年第2期。

第十一章 方志应用理论建设

是不能把方志应用工作推向健康、持续发展的道路的。

现在,方志应用理论研究远远落后于方志编纂理论研究,与方志批评理论研究也差了一段距离,实际上已经拖了方志学学科体系建设的后腿,必须迎头赶上。然而实事求是地说,方志应用理论研究的根基,比起方志编纂理论和方志批评理论的历史根基来,其薄弱的程度之大,可以说是令人吃惊的。在这样极端薄弱的基础上开展研究,要想在短时期内有大的发展,建设好方志应用学理论体系,是一件极为艰难的事,这一点,任何热心于方志应用理论研究的人都必须有足够的认识和思想准备。

二、方志应用学建设研究

建设方志应用学,首先要明确方志应用学是方志学的分支学科之一。对此,本书在第一章"绪论"中已作了探讨,这里以韩章训著的《方志接受学基础教程》(杭州出版社,2005年版)为例,进行评说。

迄今所见,韩著《方志接受学基础教程》虽未以"方志应用学"命名,但实际上它是目前我国仅有的一本方志应用学专著。该书主体部分设11章,即接受观念、接受活动、接受对象、传播、整理、阅读、批评、收藏应用、接受行政、接受发展、接受理论,共40多节,较全面地涵盖了从方志文本到方志效用或从方志接受实践到方志接受理论的全过程。该书卷首"内容提要"说明:"它不仅具有现代学科通论所应具有的横贯性、基础性,整体性、现代性和前瞻性,而且视野比较广阔,体系比较完整。"作者在当代读志用志热潮中,以其敏锐眼光和勇敢胆识,别开生面地从接受学角度,深入探讨和系统阐述了方志应用理论,撰写出这么一部洋洋洒洒40多万字的论著,其开拓性的意义和价值,自不待说。然而书中不免仍有存疑和遗憾之处:

首先,显而易见的一个问题是:全书的构架和论述,与迄今所见各种方志学通论著作、方志史著作、方志编纂学著作、方志批评学著作等比较,都未能显示出民族文化的特色,格调极不一致。作为方志学学科体系中的分支学科之一,存在这种不和谐、不协调的现象,是否合适,值得商榷。

其次，如前所说，在新方志编纂开展以来，出现了一个十分普遍的现象，即：方志编纂者为编纂新志，都阅读并采用旧志中记载的某些有价值的内容，他们既是志书编纂者，也是方志应用者。而在《方志接受学基础教程》中，则仅仅把方志接受者视为方志应用主体，这一立论也是令人置疑的。

因此，《方志接受学基础教程》作为方志应用学领域的开创探索之作，是可贵的，但从方志学学科体系的分支学科，从方志学学科整体性考虑，其定名、架构、立论都尚有可斟酌之处。

伟人毛泽东曾经说过："不论做什么事，不懂得那件事的情形，它的性质，它和它以外的事情的关联，就不知道那件事的规律，就不知道如何去做，就不能做好那件事。"[①]建设方志应用学，也应当用这种全面看问题的方法，从全局角度考虑如何去做的问题。

前面说过，方志文化是中华文化的组成部分之一。作为方志学分支学科的方志应用学，自然应当体现中华文化的民族特色，并且反映出它和方志学其他分支学科的关系。这是建设好方志应用学的根本和前提，否则便会削弱了作为方志学分支学科的性质。

建设方志应用学是一件复杂而又具体的实务，而确定其理论架构是至关重要的大事。综观当代方志界有关这方面的讨论意见，方志应用学的理论架构大致应包括以下几方面内容：

第一，基础理论。包括研究对象、任务、内容、学科地位等。没有基础理论支撑，学科犹如空中楼阁，是立不起来的。

第二，关于地方志价值和功能的认识和"经世致用"思想对方志应用及其发展历史的影响。

第三，当代方志应用研究。内容包括方志应用的指导思想、兴起和发展，方志编修与方志应用的关系及修志与用志者的关系；方志走向社会、走进民间和用志范围的拓展，用志方法改革和读志用志基地建设。

---

① 毛泽东：《中国革命战争的战略问题》，《毛泽东选集》第一卷，北京：人民出版社，1952年，第163~164页。

第十一章　方志应用理论建设

第四,方志应用学人才培养和队伍建设。方志应用学学科建设是一项长期的任务,要与方志应用实践相结合,注重总结方志应用实践经验,从理论层面进行研究,不断充实和丰富方志应用理论。这样长期下去,有了理论积累,才能使方志应用学的理论体系化。谁在这方面尽了心,出了力,做出了成绩,谁就为方志应用学学科建设作了贡献。

三、方志应用学人才培养

邓小平同志1979年11月2日在中央党政军机关副部级以上干部会上的讲话中指出:"任何事情都是人干的,没有大批的人才,我们的事业就不能成功。"[1]这说明,做事靠人,成事在人。没有与事业相适应的人才,事业的发展就会受阻。包括方志应用学在内的地方志事业,需要源源不断的人才大军继往开来,持续奋斗,接力前行,才能求得发展,不断创造出辉煌业绩。

1997年8月20日,李铁映同志在全国地方志颁奖大会上发表讲话,他从地方志事业发展需要出发,指出:"要通过修志用志造就修志人才和用志人才。"[2]这一要求,为培养人才指明了修用结合的培养模式和途径。

培养方志人才,应多采用短期培训班(讲习班、研讨班)的形式,来提高他们的方志理论水平和修志能力。这种方式目的很明确,效果也比较好。但从"修志为用"、"修用结合"的要求来看,一般都偏重于修志方面,未能兼及用志方面的培训。为了更好地培养既懂得修志又懂得用志的复合型方志人才,在培训中增加方志应用理论的教学,是完全必要的,这样做,才更有利于方志事业的发展。

从长计议,除了利用方志培训班培养方志人才外,还应当走高等学校培养方志人才的道路。高等学校拥有历史学、地理学、文献学等各方面的师资力量,可以根据方志事业发展对方志人才的要求,开设各种相关课程,在学

---

[1] 邓小平:《高级干部要带头发扬党的优良传统》,《邓小平文选》(1975～1982年),北京:人民出版社,1983年,第193页。

[2] 引自诸葛计:《中国方志五十年史事录》,北京:方志出版社,2002年,第664页。

习必要的基础课和专业课以后,再让学生进入方志工作机构参加修志用志实习,这样更有利于培养复合型的方志专业人才。开设的专业课,除了方志学基础理论、方志发展史、方志编纂学,还应当增设方志批评学、方志应用学。有条件的学校,还可以培养硕士生、博士生,造就方志学领域的高层次专业人才,以利于地方志事业的发展。

在现有方志工作机构中,有许多年轻有为的人员,他们是今后方志队伍中的中坚力量,但缺乏比较系统的方志理论修养,教育培养好这些人员,对地方志事业的持续发展,十分重要。有些地方,将修出志书视为终极目标,志书出版,队伍拆散,使其中的许多人离开了方志事业队伍,非常可惜。为了发展方志事业,就要留住并培养这些人,这是造就方志人才、建设方志理论队伍的重要途径之一。对这些人的培养,不能采用短期培训班的方式,可以委托有条件的高等院校举办方志专业进修班,使其系统地学习方志理论,充实、提高自己,成为具有更高水平的方志工作者;其中少数本科毕业的人员,也可以通过研究生课程进修班培养。这样造就的大批人才才能使地方志事业的发展更加稳健和顺利,为两个文明建设服务的贡献就更多、更大了。

四、方志应用学前瞻

经过30多年全国方志人的努力,地方志事业已经呈现出一派欣欣向荣的喜人景象:大批社会主义新方志已经出版或行将面世,旧志整理也取得了骄人的成绩,方志资源开发利用持续开展且战果辉煌,方志理论研究卓识频出、论著不断涌现,其中也有方志应用理论的新苗出土、新株成长。这是方志事业兴旺发达的标志,向世人昭示着方志事业的明天将更加美好。

方志应用是地方志事业的一部分,衡量地方志事业发展的标志之一是方志资源开发利用的成就如何,而方志资源开发利用的实践能为方志应用理论研究提供丰富的内容,方志应用实践离不开方志应用理论的指导。因此,地方志事业发展的美好前景,也预示了方志应用和方志应用学明天的光辉前程。

第十一章　方志应用理论建设

常言道"瓜熟蒂落","水到渠成"。这两句话,说的都是一个理,即:凡事只要条件具备、时机成熟了,就能获得成功,目标就会实现。就方志应用学的建设而言,我们已经可以明明白白、清清楚楚地看到:两个文明建设需要大量的方志资源,新方志源源而出、旧志整理持续进行,为方志资源的开发利用创设了良好条件,方志资源开发利用的广泛实践又给方志应用理论研究提供了具体、实在、丰富的研究内容。这一切意味着适宜方志应用理论研究的"气候和土壤",将长期持续地催生方志应用理论幼苗出土,随着方志应用理论研究的广泛、深入开展和成果积累,将最终促成方志应用学理论体系的形成。到那时,方志应用学这株新葩,将成为方志学家族中一个新成员,与方志编纂学、方志批评学等分支学科并立,发出耀人的光彩,吐露出诱人的芬芳。

从今天看明天,方志应用学大有可为,前程灿烂。

[附] 作者相关论文选

关于方志功能的理论思考

地方志是中华民族独有的文化奇葩,其中蕴藏有丰富翔实的宝贵地情资料,享有"文化之矿"、"地方百科全书"、"信息库"的美称。自中国共产党十一届三中全会以来,我国掀起了"方志热",一方面,开展了席卷全国的、轰轰烈烈的编修社会主义新方志活动;另一方面,各地普遍重视开发和利用方志资源,为社会主义两个文明建设服务。在这种情况下,关于方志功能的问题,受到了方志界的关注,并成了讨论的热点,"三大功能"说盛极一时。笔者以为,把方志功能仅仅局限于"资治、存史、教化"三方面,是值得商榷的。本文拟以浅识所及,试作论议。

一、历史的启迪

地方志的发展,已有2000多年历史。在这一漫长的历史进程中,人们对方志功能的认识,也随着社会的发展和时代的演进,有所变化。

最初的地方志,记载了各地的地理形胜、交通物产、民情风俗等各方面情况,是顺应当时封建统治者了解和掌握各地地情的需求的,是为封建统治阶级的利益服务的,其功能显然在于"辅治"(即资政)。西汉以后地方志书的主要形式是地记,一般记载疆域、山川、古迹、人物、风土等,内容有所增

[附] 作者相关论文选

加,功能也有所发展,所以常璩在《华阳国志序》里认为,地方志有"达道义、章法戒、通古今、表功勋、旌贤能"的作用。

隋唐时期,出现了官修志书,其内容对政治和军事决策的参考作用日见重要,所以当时志家有地方志能"佐明王扼天下之吭,制群生之命",①"若边上奏报烟尘,陛下便可借志书坐观处所"②等看法。到了宋代,地方志内容又有扩展,"举凡舆图、疆域、山川、名胜、建置、赋税、物产、乡里、风俗、人物、方伎、金石、艺文、灾异,无不汇于一编"。③ 内容既已扩展,所起的作用也便更大了,论者对方志功能也因之有了新的认识。郑兴裔在《广陵志序》里阐发的议论,便提出了三方面的作用:第一,"郡之有志,犹国之有史,所以察民风,验土俗,使前有所稽,后有所鉴",有重要的存史镜鉴的作用;第二,有了志书,"后之来守是邦者,亦庶乎其有所据依","郡之中所为山川之广袤,守得而考之,户口之登耗,守得而询之,田畴之芜治,守得而省之,财富之赢缩,守得而核之,吏治之臧否,守得而察之,风气之贞淫,守得而辨之",从地情实际出发,"师古宜今"行事,起到治政参考的作用;第三,志书中所载的"刲股砥纯孝之行,断指凛冰霜之节",都可以起到"立懦廉顽,风兹百世"的教育作用。④ 郑兴裔的这番论述,开了方志"资治、存史、教化"三大功能说的先河,影响至为深远。

随着时代的发展,人们对方志功能的审察和认识,也有了新发展。民国时期黎锦熙先生提出的"创'四用',以广方志之功能",即科学资源、地方年鉴、教学材料、旅行指导的"四用"功能说,⑤便是这一新发展的标志。

上述关于方志功能认识发展变化的历史,清楚地表明:在封建时代,地方志被用来为统治阶级的利益服务,其功能受到时代和阶级的局限;到了民国时期,社会步入了现代科学文明的历史新阶段,人们对方志功能的认识,出现了微澜初兴的务实观念。这一变化对我们今天重新认识方志功能,很

---

① (唐)李吉甫:《元和郡县图志自序》。
② (唐)元稹:《元氏长庆集》三十五。
③ 张国淦:《中国古方志考·序》。
④ 《郑忠肃公奏议遗集》下《广陵志序》。
⑤ 详见《方志会议》,北京:中国展望出版社,1982年10月影印,第5至6页。

有启迪意义,使我们领悟到一个重要的道理,即:必须密切联系时代和社会的实际,才能真切地认识地方志在现实生活中发挥的功能。

二、"三大功能"说的局限

只要注意旧时人们兴发的方志言论,与历史上的"存史、资治、教化"三大功能说作个比较,便可发现"三大功能"说未能准确全面概括方志的功能。例如元代李好文编纂的《长安志图》,就把详载农田水利设施状况,视为可以"泽被千秋"的事情;这种以志书所载为农业生产服务的观念,就是"三大功能"说所不能概括的。民国时期黎锦熙在《方志今议》中提出的"创'四用',以广方志之功能"主张,其中"科学资源"和"旅行指导",显然也超出了三大功能说的范围。

从历史上来看,无论是编纂地方志还是使用地方志,都是从封建统治阶级的利益出发,为巩固封建统治服务的。因此,对方志功能的认识,尽管论者所用的言词语句互异,但实际内容多包括了存史、资治、教化三个方面。这种情况,在历代旧志书的序跋中,随处可见。当时,一切唯统治阶级的利益为宗,存史、资治、教化正是地方志为巩固封建统治服务的功能,舍此而外的功能,自然不被看重了。

在中国共产党十一届三中全会以后兴起的"方志热"中,方志界对方志功能进行了探讨,大体分三个认识阶段:

1984年7月以前,为初期探索阶段,诸说并起,有的且将新、旧方志的功能分别论说。

1984年7月,召开了全国北片13省(市、自治区)县志稿评议会,会后发表的会议《纪略》提出:编修新县志"一定要有利于'两个文明'建设,能够发挥'资政、教育、存史'的作用"。① 这是方志发展史上首次直接把"六字"三大功能联通并提。从此,方志界的一些文集、著述,便相沿而用,几成定论,即使有所辩论,热点也只是三大功能中何者是主要的功能,主次先后如何排

---

① 志言:《全国北片县志稿评议会纪略》,《中国地方志通讯》1985年第1期。

列、彼此间的关系或联系如何等等问题,基本上围着三大功能打转转,未能越出"雷池"。这是认识略趋统一的阶段,对三大功能的解说赋予了新义。应当说,对方志三大功能的概括及其新义内涵的阐说,即用马克思主义理论结合方志在现实社会的作用来理解,是正确的;但是这种概括是不全面的。

随着两个文明建设的加速进行和修志工作的逐步开展及新编志书的出版发行,应用地方志书的风气蔚然兴起,无数事实有力地证明,新、旧志书在为两个文明建设服务中,都发挥着巨大作用,作出了突出贡献。这种情况,在方志界引起了强烈反响,有著文指出:地方志的"功能已远远超出了'资政、存史、教育'的三大功能",[1]三大功能已"不能完全包容新志书的功能作用"了。[2] 这些三大功能以外的功能,不能一一尽举,有人总结提出了"服务(经济)、科研、交流"等功用。[3] 这反映了人们面向现实生活探论方志功能,有突破方志功能"六字板结"的意愿,使对方志功能的认识进入了新的阶段。

笔者以为,从地方志为现实工作服务的实际出发,对方志功能进行思考和探索,是完全正确的。但是,如果把种种现象都视为方志功能,却未免失之肤浅。因此,在这一基础上再前进一步,扩大视野审视地方志在现实生活中的影响,从更高的层次上作理性思考,对各种现象进行抽象、概括,以科学、准确的概念来概括地方志三大功能以外的某种功能,就显得十分必要了。如果在这方面有所进展,有所收获,那么,我们对方志功能的再认识,就达到一个新的高度了。这是必要的,也是可能的。

三、"兴利"——一个突出的聚合点

当前我国正处在社会主义初级阶段,"社会的主要矛盾是人民日益增长的物质文化需要同落后的社会生产之间的矛盾",因此,"我们必须把经济建设作为全党全国工作的中心,各项工作都要服从和服务于这个中心"。[4] 据

---

[1] 张守富:《方志是为现实服务的大舞台》,《中国地方志》1996年第1期。
[2] 郭凤歧:《方志论评》,天津社会科学院出版社,1994年版,第102页。
[3] 郭凤歧:《方志论评》,天津社会科学院出版社,1994年版,第102页。
[4] 引自江泽民《在中国共产党第十五次全国代表大会上的报告》。

各种报刊、论著披露,地方志在为经济建设服务方面,已经发挥了积极作用,取得了不小成绩;这种积极作用及成绩所产生的总体效应,便是直接促进了经济繁荣和社会安定,使人民群众在改善和提高物质生活、精神生活水平方面,得到了实惠。这表明,地方志为经济建设服务,就是发挥了为社会创造财富,为人民谋取利益的作用;简言之,即是发挥了兴利的作用。这是地方志兴利功能的直接表现。

在较长的时间里,方志界存在一种观念与现实矛盾的现象:一方面,大力开展了地方志为现实服务的活动;另一方面,在讨论和认识地方志的功能时,却始终视野不够开阔,观念未能转变,总是囿于"资治、存史、教化"旧识,没有用改革开放的眼光看待方志在现实生活中的作用,即使认同了这种作用,又往往将其纳入"资治"的范围考虑。客观情况已经发生了变化,怎么可以固守旧的观念来对待呢?例如,方志"为'四外'(外经、外贸、外事、外联)工作服务"、"为自然科学和社会科学研究服务",①或者如有人所说,方志作为"开放外联的礼品"、"科学研究的基础"、"统一祖国的桥梁",②难道都是"资治"功能的表现吗?只有从理性的高度来思考,便会得到符合实际的、正确的答案,这样才能突破陈见。

地方志信息量之大、文化内涵之丰富,为世人所瞩目。因此,地方志在沟通信息和文化交流方面的作用,非常突出。就沟通信息而言,不妨以海峡两岸关系为例,作一番审视。我们知道,由于历史的原因,海峡两岸长期处于互相隔绝的状况,台湾同胞对祖国大陆几十年来的发展变化,并不了解。随着两岸交往日趋增多,民间往来愈益频繁,不少新编志书或通过图书流通渠道,或作为赠送礼品,流传到了台湾,被辗转传阅。据有关报导:台湾同胞从志书中看到故乡的发展新貌后,思乡之心得到了慰藉;看到志书中对往事故旧实事求是记述,于是久久郁结于怀的疑窦冰消雪化。他们中,有的因此而回到大陆探亲观光,有的在大陆投资兴办实业,有的捐资支持家乡建设、

---

① 张守富:《方志是为现实服务的大舞台》,《中国地方志》1996年第1期。
② 苑凌云:《县志服务现实十例》,《中国地方志》1997年第4期。

举办公益事业,从而,不但增强了两岸人民间的同胞情谊,促进了祖国经济的发展,也为实现祖国统一作出了贡献。经济发展、祖国统一,是包括台湾人民在内的全中国人民的共同愿望,是民族的利益所在。可见,地方志沟通信息的作用,从其产生的效应而言,实际就是地方志兴利功能得到了发挥。

改革开放以来,新编地方志书大量走出国门,流传到世界各地。这些远涉重洋、走向世界的地方志书,在世界文化交流中为国际学术界提供了丰富的中华文化资料,向世界各国人民宣传了当代中国的发展和进步,担当了文化交流和"友好使者"的重任,有助于广交朋友,赢得稳定的和平环境,以顺利进行"四化"建设。对于海外华侨和华人,方志所传递的故乡热土的信息,更是焕发了他们热爱祖国的情感,促进了他们支持祖国各地发展经济,兴办教育等各项事业。这些都是方志兴利功能的生动体现。

综上所说,地方志不但可以直接为两个文明建设服务,发挥兴利功能,产生经济效益和社会效益;而且通过信息沟通和文化交流,同样使兴利功能得以发挥。这说明,将"服务(经济)、科研、交流"等功用和为现实服务的某些表现合而为一,以概括力极强的"兴利"功能这个综合概念作表述,更能在高层次上,表现出与"三大功能"相匹配的理性高度,体现科学性。所以,"兴利"是方志多方面功能的一个突出聚合点,确认方志的兴利功能,肯定是合理的。在当代,方志确实具有"资治、兴利、存史、教化"四大功能,"三大功能"的六字"板结"应当予以突破了。这是我们理性思考后得出的结论。

四、必须澄清三种观念

在确认了方志的"三大功能"之外,还有一个重要的"兴利"功能之后,有必要对三种观念作一番澄清。

其一,以"兴利"作为方志的重要功能之一,是否会有功利主义之嫌?笔者认为,这一点,大可不必担心。50多年前,毛泽东《在延安文艺座谈会上的讲话》,便明确说过:"唯物主义者并不一般地反对功利主义","世界上没有什么超功利主义","我们是无产阶级的革命的功利主义者,我们是以占全人口百分之九十以上的最广大群众的目前利益和将来利益的统一为出发点的,所以我们是以最广和最远为目标的革命的功利主义者","任何一种东西,必须能使人民群众得到真实的利益,才是好的东西"。① 地方志,便是"能使人民群众得到真实的利益"的"好的东西";以"兴利"反映其重要功能,要说是功利主义,那也正是"革命的功利主义"。而兴利,正是社会主义初级阶段的一个重要目标和任务;确认方志"兴利"功能,事实上也就体现了社会主义初级阶段方志功能的一个重要的时代特色。

其二,认为方志的资治功能可以包括兴利的作用,不必另提兴利功能。这种意见,也不是确当之论。我们知道,历史上"资治"的本义,是"鉴于往事,有资于治道",②是吸取历史的经验教训,用于治政;所以,即使有时产生了某些"兴利"之效,也只是当时的封建统治者得了利,人民群众是得不到真实的利益的,显然不能包括或取代今天所说的方志"兴利"功能。其次,今天的社会处在信息时代,作为信息库的方志,不仅为政府所用,也在人民群众中流传,被广泛应用;方志中的信息,尤其是资源信息、经济信息,也被群众用来为兴利服务;为政府治政行为发挥作用的"资治"功能,绝不可能反映或者包容这种民间用志的"兴利"行为。此外,随着改革开放和地方志书在海外广泛流传,方志信息资源还可能为国外有关方面和有关人士分享,并通过国际合作的形式,实行彼此互惠的兴利活动。对这种情况,即使有我国政府介入,也不是"资治"功能包括得了的。这也就说明,确认方志"兴利"功能,是切实的,也是完全必要的。

其三,认为方志兴利功能的提法"未能与整个史学变革趋势联系立论,往往带有某种直观性质,缺乏理论深度","六字"概括(指"资治、存史、教化")之外应增加"述变"功能。③ 显然把方志具有史的性质错当成"志即是史"来理解了。关于史与志的关系及其异同,笔者曾撰有《史志关系论》一

---

① 《毛泽东选集》第3卷,北京:人民出版社,1953年,第866页。
② (明)胡三省:《新注资治通鉴序》。
③ 见《蚌埠市志评论文集》,合肥:黄山书社,1996年,第199页。

文,①有兴趣的同志可作参考,这里勿作赘论。但必须指出,对待"变",史有"通古今之变"的要旨,反映历史的本质与变迁,体现了"述变"的功能;而方志,则是通过记载一地自然和社会的历史与现状,寓观点于叙事之中,体现历史发展的规律,不像史学那样通过分析研究来探索历史的客观发展规律。所以,"述变"不是编纂志书的要旨,志书虽然体现历史发展的规律,却没有"述变"的功能,如果在方志的三大功能之外再增加"述变"功能,那就把史和志混同了。至于方志"兴利"功能的提法究竟是否"带有某种直观性质,缺乏理论深度",笔者以为,人们的认识总是由感性而发展到理性高度的,我们从众多方志服务现实、发挥兴利的作用的事实,即"直观性质"的感性认识,概括出"兴利"功能这样一个综合的、整体的理论概念,难道"缺乏理论深度"吗? 以史学的尺度来衡量方志的功能,未必是适当的,因为史、志有别是客观事实。

五、结束语

方志功能,是方志理论研究中的一个重要课题。正确、全面地认识方志功能,对方志编纂和方志应用都有重要意义:因为方志功能是一种理性认识,而理性认识的重要意义就在于指导行动,即指导实践。

方志功能,是将从修志用志实践中得到的感性认识经过思考,而形成的理性认识。如果说"资治、存史、教化"三大功能是在千百年修志用志实践的感性认识上形成的理性认识,那么,"兴利"功能便是在当代修志用志实践的感性认识上经过理性思考而获得的新知。

确认方志的兴利功能,对方志编纂和方志应用都会产生积极的影响,将会引导和促使修志者从兴利角度衡量鉴定资料的价值取向,使新编地方志在服从和服务于经济建设方面,有更多更大的贡献。因此,人们在应用地方志书时,也就会十分关注它的兴利价值。

---

① 见《中国地方志》1994 年第 3 期;来新夏、齐藤博主编:《中日地方史志比较研究》,天津:南开大学出版社,1996 年。

从方志功能的理性思考,可以肯定地说,方志理论研究只有以极大的热情,切实做到与丰富、生动的现实相结合,用改革开放的眼光来审视地方志为现实服务的实际,审视它与其他事物在现实生活中的种种联系,才能从理性的高度得到正确的、符合实际的、科学的认识。

方志具有"存史、资治、兴利、教化"的四大功能,这是笔者理性思考获得的认识。方志为现实服务的实际,证实了这个认识的正确性。

原载《安徽大学学报》(哲学社会科学版)1998年第6期

再论地方志的兴利功能

方志界对地方志功能的研究和讨论,有一个普遍认同的共识,即:地方志具有"资政、教育、存史"三大功能。十多年前,笔者根据各地应用地方志的实际状况及其效应,得出了三大功能之外还有"兴利"功能的认识,并在所著《方志学综论》(华东师范大学出版社 1988 年 1 月出版)里提出了地方志有"资政、兴利、教育、存史"四大功能的观点。时隔十年,又先后撰写《略论地方志的兴利功能》和《关于方志功能的理性思考》二文,分别在《史志研究》(1998 年第 1 期)和《安徽大学学报》(哲学社会科学版,1998 年第 6 期)发表,阐明了兴利功能的主要表现。最近三年,笔者对地方志的兴利功能又有了一些新的认识。于是据以撰写续文,再论地方志的兴利功能。

一、为两个文明建设服务,为国家民族和人民兴利,是时代对地方志的要求,兴利功能非空穴来风

地方志是社会历史发展的文化产物,也随同社会历史的发展而演化递变。回顾地方志发展的历史可以知道,在漫长的岁月里,地方志不但内容不断扩展增加,体例逐渐演进完善,其作用也由单纯顺应封建统治者了解和掌握各地地情的需求,作为"彰乡里之盛"的工具,逐步转变成了封建统治阶级用来维护自己利益、巩固其统治服务的"资治(或曰资政、辅治)、教化、存史"之书。至当代,由于社会性质已根本变化,所以虽然仍具有资政、教育、存史三大功能,但其内涵和服务对象却已与前不同了。中国地方史志协会(中国地方志协会前身)1982 年 8 月 1 日提出的《关于新编地方志工作条例的建议》(征求意见稿)即曾阐明:"为社会主义现代化服务,是新编地方志的主要目的。"中国地方志指导小组 1985 年 4 月 19 日通过的《新编地方志工作暂行规定》也指出:编纂社会主义新方志"是我国社会主义物质文明和精神文明建设的需要。"1997 年 5 月 8 日颁发的《关于地方志编纂工作的规定》,既肯定编纂地方志"对推进我国两个文明建设""有重要意义",又要求编纂地方志必须"为改革开放和社会主义现代化建设服务"。

方志应用学探论

地方志要适应两个文明建设的需要,为改革开放和社会主义现代化建设服务,关键在于用,既要用途广阔,"英雄有用武之地",又要能在使用中产生实际效益。实践表明,在现实生活中,新编地方志大有用处,用途之广,作用之大,是历史上任何旧方志无法比拟的。不但可以为各级领导决策提供参考,发挥资政的功能,而且还能够为开发各种地方资源提供信息,为科学研究提供资料;为对外经贸和招商引资服务;或者作为馈赠外宾、侨胞和港澳台同胞的礼品,起到沟通信息和文化交流的作用。凡此,都是直接或间接地为两个文明建设服务,都能为国家民族和人民兴利,产生经济效益和社会效益,从而促进经济繁荣和社会安定,提高人民群众的物质生活与精神生活的水平。这一类事例到处都有,《中国地方志》原主编诸葛计同志辑录的《新编地方志资源开发与利用集例》(见《中国地方志》2000年增刊),便是从中精选而编成的,足可为证。

综上所说可知,改革开放和社会主义现代化建设对各种信息的大量需求,为地方志充分发挥兴利作用提供了客观社会条件,而地方志本身的丰富信息资源,则是发挥兴利作用的坚实基础。我们从地方志为两个文明建设服务的实际情况及其产生的巨大效应来审视,如实地总结并肯定地方志的兴利功能,是合情合理的,是科学的、正确的。因此,地方志的兴利功能是客观存在的,绝非空穴来风。

二、社会用志大潮的涌起为兴利功能的发挥带来机遇,提供了其为国家民族和人民兴利的展示舞台

地下丰富的矿藏,必须开采发掘出来才能产生效用,体现使用价值。地方志中的各种信息资源如同宝藏,只有通过开发利用,才能为国家民族和人民兴利。李铁映同志出任中国地方志指导小组组长以来,一直十分重视用志,一再强调用志的重要性和必要性,他指出:"修志为用","要指导社会用志,为两个文明建设和改革开放事业服务"(《求真存实 修志资治 服务当代 垂鉴后世——在全国地方志第二次工作会议上的讲话》)。"修志的目的在于用,不仅为当代人用,也为后代人用","要研究和开拓志书的应用功能"(《在全国地方志奖颁奖大会上的讲话》)。"地方志是很有价值的、内容很丰富的地情书,要

[附] 作者相关论文选

充分加以利用"(2000年4月20日关于方志工作的指示)。这些意见和要求,极大地推动了全国的读志用志、开发利用方志资源活动的开展。

李铁映同志的"指导社会用志"和"研究和开拓地方志的应用功能"要求,为全国方志工作者指明了努力的方向,使大家认识到方志工作者不仅应努力编纂好志书,还应当积极推动社会用志,拓展志书的用途,开发和利用方志资源;只有在用志方面多下工夫,才能使地方志书的使用价值得到充分体现,从而能够得以流传和保存。这样,地方志不但直接服务于两个文明建设,为国家民族和人民兴了利,也使地方志工作的重大意义得到社会的认可和支持,为自身的持续发展开辟了道路。所以,做好"指导社会用志"和"研究和开拓地方志的应用功能"这两件事,既是展示地方志兴利成就和风采的良策善举,也是地方志生存发展、代代相传的根本大计。

实践证明,推动社会用志不但会使地方志的用途大为扩展,地方志书的应用功能也会随之得到开拓。这里,不妨就诸葛计同志辑录的《新编地方志资源开发与利用集例》(以下简称《集例》)试作探析。

《集例》所录包括全国各地的581个实例,按其内容分为14项,前13项依次为:为各级领导决策作参考;为开发地方资源提供线索;为招商引资、发展经济牵线搭桥;为申报项目做贡献;为城市布局和工程建设、选址、出谋划策;为防灾、抗灾、救灾服务;促进环境治理,保护生态平衡;为落实政策、解决历史疑难问题提供资料;提供爱国主义、革命传统和乡土教育的素材;联系海外侨胞、港澳台胞的感情,推动祖国统一;联系乡友,增进乡情,开发人才资源;沟通中外联系,增进友好往来;推动科学研究工作。从这些所列项目可以看出,地方志应用之广是前所未有的,扩及方方面面,反映了地方志具有巨大的使用价值和信息资源的广泛适用性。其中有的是直接服务于现代化建设而起兴利作用的,有的是为海峡两岸和世界发挥沟通信息和文化交流作用,广交朋友,为我国的"四化"建设赢得稳定的和平环境,为祖国统一做贡献,而从另一个侧面产生兴利作用的。总体而言,这些绝非是"资政、教育、存史"三大功能所能涵盖的,因为其兴利功能表现得鲜明突出。

121

《集例》最后一项即第十四项"社会各界人士与方志",所列的社会人士包括了领导干部、工作人员、科技人员、工人、农民、商人、文艺工作者、英模后人。这样广泛的人士读志用志,在方志史上也是空前的。他们读志用志,诚然也有利于地方志"资政、教育、存史"功能的发挥。但科技人员"利用志书资料设计试验项目"、安排生产,工人利用志书资料"研究新产品",农民利用志书资料"科学种田"、发展生产、实现致富,商人学习志书内容"改善经营管理,提高了经济效益",则显然都是地方志兴利功能在用志中的真实反映。

社会用志大潮的涌起为地方志兴利功能的发挥带来机遇,提供了地方志为国家民族和人民兴利的展示舞台,用"实践是检验真理的唯一标准"来审视社会用志的实践及其产生的效应,不难得出一个铁定的结论:地方志具有兴利功能。

三、在"修志为用"思想指导下编纂续志,使续志不仅有"三大功能",也体现鲜明的兴利功能

时代、社会用志与地方志的兴利功能发挥,三者的关系如前所述,那么,现在我们编纂续志时,自然便应当在"修志为用"思想指导下,把握好这种关联性,以服务两个文明建设为宗旨,适应各行各业、各条战线多方面用志的需要,在运作中尽最大努力,使所修续志能够成为既有资政、教育、存史功能,又具有兴利功能的"可信、可用、可读"的优质志书。

要使续编的志书具有资政、兴利、教育、存史的功能,关键在于志书的内容;而志书内容能否较好地体现这"四大功能",则决定于选取和运用的材料。有关选用具有资政、教育、存史功能的材料编好志书的问题,以往方志界已有较充分的探索、讨论,首届志书编纂中也已积累了许多很好的经验,这里勿予赘说,现就关于兴利功能方面的材料选用问题,略作述议。

《中国地方志》2000年增刊发表的诸葛计同志辑录的《新编地方志资源开发与利用集例》,对我们很有启发。笔者阅读后以为,从其中可以看出,关于志书兴利功能的材料,主要有两大类:一类是直接起兴利作用的,例如"为开发地方资源提供线索"、"为招商引资、发展经济牵线搭桥"、"为防灾、抗灾、救灾服

务"、"促进环境治理,保护生态平衡"的材料等;另一类是能间接产生兴利作用的,如可做"提供爱国主义、革命传统和乡土教育"教材的,以及"联系海外侨胞、港澳台胞的感情,推动祖国统一","联系乡友、增进乡情,开发人才资源","沟通中外联系,增进友好往来","推动科学研究工作"的材料等等。

近几年来,我国实行了机构改革、人员分流、反腐倡廉和科技支农、农村税制改革、产业结构调整、减轻农民负担、脱贫致富等一系列政治、经济、文化举措,这些为国家民族和人民兴利的新举措,也都应恰当选用。此外,诸如建筑工程质量优次、企业经营盈亏、维护或损害国家和人民利益的人和事,也应择其典型、有价值者入志书,以起促进兴利的作用。

是否能把各种体现兴利功能的材料选得准用得好,关键在于是否以实事求是的态度认真辨析材料。只有实事求是地认真辨析,才能确切地判断材料的真伪和价值高下,决定取舍并运用得当。这样,编纂的续志才能真正有使用价值,才能发挥其兴利功能。

地方志的功能是通过修志用志实践体现出来的。当代两个文明建设和社会用志的实践,不仅反映了地方志的资政、教育、存史功能,也充分发挥了地方志的兴利功能。因此,地方志具有兴利功能,是真真切切的事实,地方志确确实实存在"资治、兴利、教育、存史"四大功能。方志界应当正视这个客观现实,从长期视地方志仅有"资治、教育、存史"三大功能的陈旧观念中解脱出来,从理念上确认地方志的四大功能,在行动上努力为发挥地方志的兴利功能献智尽责。

兴利功能既然是地方志的重要功能之一,我们编纂续志时就理当尽心尽力使所编的志书充分体现出鲜明的兴利功能,以利于更好地为两个文明建设服务,为国家民族和人民兴利。修志为用,用志兴利,利国利民,方志事业才能永续昌盛。

原载《中国地方志》2001年第6期

面向现实　与时俱进
——三论地方志的兴利功能

方志功能是方志理论研究中的一个重要课题。正确、全面地认识方志功能,对方志编纂和方志应用都会产生积极的影响。笔者认为,当前方志界普遍沿用资治、存史、教育三大功能理念,与当代方志应用的实际及其发挥的作用不尽相符;同时,也不符合与时俱进的时代精神和创新方志理论的要求。因此,笔者在原有研究并发表《关于方志功能的理性思考》[①]和《再论地方志的兴利功能》[②]等文的基础上再进行了研究,并将研究中获得的一些认识,整理成文,抛砖引玉,以期得到同行关注,促进对当代地方志功能的再研究,再讨论。

一、公论不是定论,应当用马克思主义发展观审视方志功能

自第一轮社会主义新方志的编纂工作开展以来,至今已有20多年了。时至今日,随着方志编纂实践的逐步进行和修志经验的积累,方志理论研究的广度和深度也大有发展,取得了许多引人瞩目的新成果。但自20世纪90年代以来,也有一些值得进一步深入研究的方志理论问题被人们忽视了,如关于方志功能问题。笔者注意到,在许多方志论著和文章里,在一些地方志部门的文件和领导讲话中,都能看到和听到众口一词的说法,就是地方志有资治、存史、教育的功能。因此,地方志"三大功能"说,实际上已经成了公论。

然而,公论未必就可以作为定论。方志理论是社会科学理论体系中的一部分,而社会科学理论是伴随社会历史的不断前进和人们认识的不断深化而不断发展的。因此,方志功能并不是凝固的、静止的。追溯历史可知,

---

① 载《安徽大学学报》(哲学社会科学版)1998年第6期。
② 载《中国地方志》2001年第6期。

最初的地方志是被用来为统治阶级利益服务的,发挥的功能仅限于辅治。西汉以后盛行的地方志——地记,内容增加了古迹、人物、风土之类,作用随之扩大,如常璩《华阳国志·序》中所说,有"达道义、章法戒、通古今、表功勋、旌贤能"的功效。隋唐时期的官修志书,其内容对政治和军事决策的参考作用日渐重要;到了宋代,地方志内容又有扩展,所起的作用也更大,人们对方志功能也有了新的认识,如《广陵志·序》里对方志作用的阐说,实际上开了地方志资治、存史、教化"三大功能"说的先河。[①] 当代方志界对三大功能的解说,虽然赋予了新义,但其所涵盖的方面亦未出其右,这是不争的事实。查当代修志文献,1984年7月全国北方13省(市、自治区)县志稿评会的纪略,是最早概括提出资治、存史、教育功能的发轫之作。当时由于新方志编纂处于初级阶段,方志应用的范围十分有限,作用尚未充分显露,因此,人们根据历史的经验把方志功能定位在这三个方面是可以接受的。然而,在地方志应用范围日广,影响和作用越来越大的今天,如果我们仍固执地拘泥于这三大功能,那就不仅是不科学、不现实的,而且与马克思主义的发展观、与时俱进的时代要求不相契合。

借鉴历史,面向现实,以历史发展的眼光审视方志功能,观察当代广泛应用地方志和地方志在多领域发挥重大作用的事实,研究和探索地方志在现实生活中的功能表现,在马克思主义发展观的指导下,以与时俱进的精神,解放思想、实事求是地寻求科学答案,是我们面临的重要任务。

二、开阔视野,面对广泛应用地方志的现实进行新思考

地方志在历史上作为官修的官书,主要是官读、官用的。今天我们的社会主义新方志,虽然是在"党委领导,政府主持"下编修的,也属官修的官书,但其应该体现"人民的方志人民写,人民的方志写人民"的原则,不仅为政府和各级干部提供用志材料,而且为人民群众提供用志材料,为中国最广大人民服务。读志用志成为一种社会现象,用志的主力军分布于社会的各个阶

[①] 见《安徽大学学报》(哲学社会科学版)1998年第6期。

层。有些志书由于采用数字化、网络化等现代科技手段,已经做到资源共享。尤其值得注意的是,随着地方志书向国外传播,国外读志用志者也在日益增多,"过去常说统治阶级、地方官需要通过地方志了解地情,今天应该强调的是,由于国家的繁荣昌盛,尤其是在加入 WTO 后,中国成了全世界投资的乐土,一些有远见卓识的投资者在作重大的投资决策之前,往往要对该地区的地情进行全方位的考察研究,地方志对他们来说应当是最好的地情书"。① 大庆市志办根据志书、年鉴资料,从大庆概况、自然资源、经济实力、科技优势、对外经贸、投资环境、优惠政策、招商项目、发展规划等十个方面,编写了《投资中国大市场——大庆更具优势》一书,用中英两种文字印刷,在广交会、哈洽会及上海、厦门、西安等地的新闻发布会上散发上万册,为海内外企业或商家了解大庆,开发经济合作项目"起到了窗口和媒介作用",② 可以说是一个有说服力的例证。由此不难看出,当代确实已经出现了"人民的方志大家读,人民的方志大家用"的喜人景象,受众早已不仅仅限于政府和各级干部,而已形成包括各阶层人民群众和国外人士在内的广大读者群了。这些都是十分可喜的现象。

由于读者群体扩大,而读者又各有所好,各有所求,因而也会各按所需来用志。而用志的广泛性和多样性,又连带产生了地方志的种种新功能。笔者在"地方志与旅游"课题研究中发现,地方志不但可供旅游资源开发作参考之资,而且可以发挥旅游宣传工具的作用,可以为编制旅游宣传材料服务,可以为申报世界文化遗产、历史文化名城提供资料,可以在导游服务方面发挥作用。鉴于地方志应用范围之广,作用之多,所以有人指出地方志功能"已远远超出了'资政、存史、教育'三大功能"范围,③ 三大功能已"不能完全包容新志书的功能作用",三大功能以外还有"服务(经济)、科研、交流"等

---

① 郑海星:《漫谈用志》,《中国地方志》2003 年第 1 期。
② 张聪、时永发:《用"三个代表"重要思想统领修志工作》,《黑龙江史志》2003 年第 1 期。
③ 详见《新编地方志资源开发与利用集例》,《中国地方志》2000 年增刊。

功能内容。① 这样的认识是值得重视的,不能等闲视之。邓小平同志说过"发展是硬道理"。国家建设是这样,方志理论建设也是如此。具体到方志功能的研究来说,就是要突破三大功能的思维定式,通过对方志应用的纷繁现象的观察、了解,进行认真深入的探索和理性思考,并予以科学地综合概括,将新的发现补充三大功能之不足,使方志功能的内容更加充实,实现理论创新和发展。

三、兴利功能是地方志功能的重要内容,续修方志应以之作为选材的价值取向之一

笔者在《关于方志功能的理性思考》和《再论地方志的兴利功能》两文中,已经论述了地方志为"四化"建设服务的种种表现,即发挥兴利功能的实绩。后者还引据《中国地方志》2000年增刊所载《新编地方志资源开发与利用集例》内容指出:"地方志应用之广是前所未有的","其中有的是直接服务于现代化建设而起兴利作用的,有的是在为海峡两岸和世界范围沟通信息和文化交流发挥作用,广交朋友,为我国'四化'建设赢得稳定的和平环境,为祖国统一做贡献,从另一个侧面产生兴利作用的"。兴利功能"表现得鲜明突出":"科技人员利用志书资料设计试验项目,安排生产;工人利用志书资料研制新产品;农民利用志书资料科学种田、发展生产、实现致富;商人学习志书内容改善经营管理,提高了经济效益……都是地方志兴利功能在用志中的真实反映。"这就说明,兴利功能是地方志在广泛应用中的自身表现,是客观存在的事实,绝非是个人在方志理论研究中臆想所得的褊狭之见。

要充分发挥地方志的兴利功能,就如中国地方志指导小组组长李铁映同志所说,"要指导社会用志,为两个文明建设和改革开放事业服务"。② 不

---

① 郭凤岐:《新方志学理论研究的几个问题》,载《方志论评》,天津社会科学院出版社,1994年,第102页。

② 李铁映:《求真存实 修志资治 服务当代 垂鉴后世——在全国地方志第二次工作会议上的讲话》。

去应用,或者只有少数部门、少数人应用,或者只限于国内应用而不积极推向世界,那是绝不可能充分发挥兴利作用的。其次,不能停留或者满足于目前方志应用的水平,而且还"要研究和开拓志书的应用功能",[1]也只有不断地研究和开拓志书的应用功能,其兴利功能才能不断扩展发挥作用的空间。指导社会用志、研究和开拓志书的应用功能,是充分发挥地方志兴利功能的前提,是全体方志界同仁和各级地方志部门的职责所在,舍此,地方志兴利功能的充分发挥便无从谈起。

全面建设小康社会,是中国共产党十六大报告的主题,是惠及全国十几亿人口的第一要务,代表了我国最广大人民的根本利益。地方志理当充分发挥兴利功能,为实现全面建设小康社会的目标作出应有的贡献。为此,应当贯彻"三个代表"重要思想,在修志用志方面坚持解放思想、实事求是、与时俱进的精神,努力研究和开拓包括兴利功能在内的志书应用功能,并在续修方志工作中把握志书的应用功能,以之作为抉精择微选用编纂材料的价值取向,力求使续修方志的应用功能进一步扩大,产生更多的社会效益和经济效益。

前后延续20余年的首轮新方志编纂工作,取得了很大成绩,基本上是成功的。但毋庸讳言,也存在若干问题和不足之处。就志书的记述内容而言,一般都十分重视体现时代特点和地方特色,以及资治、存史、教育的功用价值,这是对的;然而,对志书内容的兴利功用价值却考虑不够。这一状况,实质上反映了编纂过程中选用材料的价值取向问题,选材的价值取向影响了志书的内容,志书的内容影响了兴利功能的充分发挥。现在我们正在进行的方志续修工作,既要继续坚持首轮修志的正确做法,吸取好的经验,也应当实事求是地检查和认识存在缺点和不足,吸取教训,以利于把续修的志书搞得更好,能更大地发挥积极作用,尤其要切实做到把志书的兴利作用(包括直接的和间接的作用)作为选材的价值取向之一。这里必须指出,所

---

[1] 郭凤岐:《方志论评》,天津社会科学院出版社,1994年,第102页。

谓有兴利作用的材料,主要是正面价值的材料,例如地方资源、环境治理、招商引资、科技成果、民族团结、克己奉公、热心公益等方面的材料;同时也重视选用盲目发展、贪污受贿、损人利己、破坏和浪费资源等方面的典型材料,使之起到警示作用,减轻国家、集体和群众的损失,达到另一种意义上的兴利之效。这样编纂出版的志书就能发挥为国为民兴利作用。不过,即使编纂出版了这种有兴利功效的志书,方志编纂部门和编纂者也绝不能因此松劲,任其在社会上和读者中自然地发挥兴利作用,而应当在志书出版之后,立即跟上后续行动,制定推广应用、指导社会用志的计划,促使志书尽快地、有效地发挥兴利的作用。总之,编纂有兴利功效的志书是方志编纂部门和编纂人员的职责,推广应用、指导社会用志,促进志书兴利功能的充分发挥,同样是方志编纂部门和编纂人员义不容辞的责任。

四、结束语

2012年12月20日,中国地方志指导小组常务副组长朱佳木同志在中国地方志协会第四届理事会上的讲话中,曾经提出"坚持解放思想、实事求是、与时俱进的精神,不断推动方志理论的创新","坚持全面建设小康社会的目标,广泛开展读志用志活动"的意见,这对我们学习贯彻党的十六大精神,开拓方志理论研究和读志用志活动的新局面,很有指导意义。笔者在这两条指导意见的启迪下,联系方志界对方志功能的理解,进行了再思考,深深感到把方志功能局限在资治、存史、教育三方面,与社会上和群众中实际应用方志所产生的作用不尽相符,而且这样长期囿于旧说,思想没有解放,便不可能在认识上与时俱进,出现理论创新。而三大功能之外的兴利功能,不但是客观真实存在的,而且是与理论创新的时代要求相一致的。认识和承认方志的兴利功能,有利于把续修方志的工作做得更好,也有利于健康地推动读志用志活动,如朱佳木同志所说的那样:"显示方志工作的自身价值,提高方志工作的自身地位,使更多的人了解方志,喜欢方志。从方志中获益。"方志理论需要创新和发展,方志功能也需要深入研究和拓展。但本文所论未必能如笔者主观所愿,甚至或有谬误存在。如果能由此引发同行的兴趣,就方志功能问题展开新的探索和讨论,有新的发现,有真正的理念创新,那么,笔者撰本文的初衷也就如愿以偿了。

原载《中国地方志》2003 年第 6 期

[附] 作者相关论文选

地方志旅游资料的价值及其利用

一、地方志旅游资料有多方面的研究和利用价值

中国是世界闻名的东方文明古国,上下5000年,历史悠久。地方志作为记载地情的巨大载体,蕴涵了5000年文明古国丰富的旅游资源和旅行游观的历史。地方志所载各地的自然景观、人文景观和民情风俗及其他旅游资料,其价值向为世人所重。唐代大文学家韩愈,就有一段过韶州时借"图经"(即地方志)"每逢佳处便开看"的经历。明代著名地理学家、大旅行家徐霞客,一生用了30多年时间遍游祖国各地,在旅行过程中也很注意利用地方志书为旅游考察服务。民国时期,著名学者黎锦熙教授在其所著《方志今议》一书中,明确指出了地方志的"旅行指导"作用。

中华人民共和国成立后,学界人士对地方志旅游资料的价值,也甚为看重。现代著名文学家茅盾先生1980年元月写的《夜半偶记》一文中,就对志书"搜罗材料之广博"表示高度赞赏,认为"似可组织人力,即以地方志中适合于旅游者之多方面兴趣而引人入胜者,编写导游指南",①为发展我国的旅游事业服务。像茅盾先生这样关注和看重地方志旅游资料价值者,当代学界不乏其人。王淑良编著的《中国旅游史》(古代部分)里,便以宋代《元丰九域志》、《方舆胜览》、《舆地记胜》、《吴郡图经续记》、"临安三志"(周淙《乾道志》、施谔《淳祐志》、潜说友《咸淳志》)、《吴郡志》、《景定健康志》等十多种志书为例,指出:地方志的许多内容都与旅游有关,是非常宝贵的旅游文献,具有非常丰富的旅游文化资源,其价值和作用应予以充分重视。②巴兆祥也在一篇论述地方志与旅游的文章里,从"方志蕴藏着丰富的旅游资源"、"方志是发展旅游事业的重要依据"、"方志既是高级导游书,又是游踪录"、"旅游推动方志事业发展"等四个方面,阐明了地方志与旅游的密切关系,作出了

---

① 见《光明日报》1981年8月6日。
② 王淑良:《中国旅游史》,北京:旅游教育出版社,1998年版,第300页。

"方志为旅游之本,旅游乃方志之母"的结论。①

以上事实表明,古今学人虽然所处的时代不同,但都对地方志旅游资料具有多方面的研究和利用价值,却是认同的。地方志旅游资料的价值和功用能获得古今学人认同,这足以证明,这个旅游资料宝库是多么宝贵!是多么值得我们珍爱!是多么需要我们进行开发利用,为发展我国的旅游业服务!

二、地方志旅游资料在旅游业发展中的价值和广泛用途

地方志是一座丰富的旅游资料宝库,其中有大量景观方面的旅游资源资料,也有旅游文学、民情风俗、烹饪饮食、姓氏谱牒、民间文艺和传统工艺美术、文物古迹和纪念场馆的详细记述,以及其他广泛的旅游信息。这些旅游资料,对发展旅游业来说,都有着非常重要的价值和有极为广泛的用途。一个最突出、最重要的用途,便是提供开发利用旅游资源的信息,作为参考决策的依据。这方面的实例,可谓随处都有。例如:中国共产党贵州省委根据清代道光《大定府志》中"黄坪十里杜鹃"的信息,于1984年初夏派出专家进行考察,就发现在崇山峻岭之中一条长百余里、宽五里左右的杜鹃林带。进行开发后,形成了一个"百里杜鹃"花区,1987年3月被贵州省人民政府定为贵州省十大风景名胜区之一,后来国家林业部又将其定为国家级森林公园。桂林市园林设计人员则根据唐代莫休符著的《桂林风土记》的有关记载,为重建唐代就有名的佛教圣地西山公园,解决了一座大型佛雕的题材选择难题。

不但旧时志书的旅游资料可以利用,能产生良好效益,新编方志提供的旅游资源信息,同样在旅游业发展中有着重要价值,发挥着重要作用。兹举二例:一例出自贵州:黔西南州委、州政府在确定把民族文化的开发利用作为旅游资源的重要内容后,根据《黔西南州志·民族志》中的有关民族文化

---

① 详见沈祖祥主编:《旅游与中国文化》,北京:旅游教育出版社,1996年版,第138～150页。

资料,于2000年上半年作出了举办三个民族文化节的决定:一是在以"龙城"著称,又有"十里荷花"相伴的安龙县城举办"安龙荷花节暨招商会";二是在有"贵州龙之乡"美称的贵州顶效经济开发区,举办以布依族传统的"浪哨"(谈情说爱)为特色的"贵州顶效布依族查白歌节";三是在兴仁县城举办以苗族文化为主,各民族文化均得以展现的"八月八民族风情节"。结果,吸引了20万中外宾客及黔西南各族人民参与,"人群如潮,歌舞飞扬,商贾如云,许多中外商家前来考察或洽谈项目"。[①] 又一例出自重庆:该市南岸区委、区政府从《重庆市南岸区志》中发现有许多鲜为人知的旅游资源,因而决定把旅游作为开发的重点之一,着手建起了南山旅游索道缆车,开放了地下溶洞景点,修建了真武山的寺庙;从而,发展了南岸山的旅游业,仅1994年1月至9月,到南岸区的旅游者便达84.5万人次,旅游收入516.24万元[②]。

上述事例充分说明,地方志旅游资料对开发旅游资源、发展旅游业,有多么大的价值和作用,不但是党和政府治政决策的参考之资,而且是为民兴利的资源。

地方志旅游资料不但是开发利用旅游资源的重要参考依据,还可以用来进行旅游宣传,招徕游客,扩大客源。在这方面,它至少有三个优势:

第一,地方志的资料丰富、内容真实,因此,其所载的旅游信息,能够赢得读者的信任,发挥强力有效的宣传作用。

第二,地方志是传世行远之作,其所载的旅游资料和信息,具有广泛的宣传影响,时效久长。

第三,地方志载有旅游景观、旅游设施和其他多种旅游信息,可供旅游者选择旅游目的地,不但适合消遣型旅游者观光旅游的信息需求,还能适应寻根问祖旅游者、宗教旅游者、科技旅游者、文化艺术和学术界旅游者、体育

---

① 陈定秀:《从"民族文化节"看方志资源在西部开发中的作用》,《中国地方志》2001年第1~2期。

② 罗传勋:《方志对经济发展的作用及其规范标准浅谈》,《中国地方志》1995年第1期。

和医疗保健旅游者等各种特殊需求旅游者的信息需求。

综观近十多年各地利用地方志旅游资料进行旅游宣传的情况，可以看出，编印出版宣传材料是一种基本形式。例如山东文登市史志办公室整理出版的《洞天福地昆嵛山》、河北丰宁县志办公室编写出版的《丰宁旅游大观》、福建武夷山市志办公室编写出版的《武夷山文化丛书》(共9本)、河北秦皇岛市志办公室编写出版的《秦皇岛旅游丛书》(共10册)等。这些旅游宣传材料所产生的积极效应，也十分明显。据有关报道，昆嵛山每年接待游客达20多万人次；①丰宁县1994年编写出版《丰宁旅游大观》后，第二年，全县旅游业发展便呈现高密度、高层次、高效益的特点，共接待国内外游客5.3万人次，旅游业务收入200万元；通过旅游业引进资金2800万元、13个技术项目、24个合作开发项目。②

此外，地方志旅游资料还可用来编写导游讲解材料和培训导游员的材料，为提高导游队伍的业务素质服务。

重视地方志的导游价值，古已有之。唐代，除韩愈借图经"每逢佳处便开看"之外，著名诗人元稹也在《进西北边图经状》里说过，他所撰写的《京西京北图经》四卷，有"游幸之时，倚马而山川尽在"的导游之效。宋代司马光在《河南志》序里也说，《河南志》的内容，可以"使四方之人未尝至洛者得之，游处已熟"。现代、当代学者注意到地方志的导游价值的，除前文提到的黎锦熙、茅盾二人所说外，其他人也多有提及，为省篇幅，兹勿细举。

值得注意，且令人欣喜的是，我国实行改革开放以来，随着旅游业的发展和旅游市场竞争日趋激烈，一些地方为了提高导游员业务素质，已经重视用地方志旅游资料编写培训教材，来培训包括导游员在内的旅游从业人员。诸葛计辑录的《新编地方志资源开发与利用集例》，就提到了广西壮族自治区旅游局从《广西通志·民俗志》、《广西通志·宗教志》中寻找资料，编写业务培训材料；福建省武夷山市旅游局举办导游员培训班，用"市志"资料修改

---

① 张守富：方志是为现实服务的大舞台，《中国地方志》1996年第1期。
② 苑凌云：县志服务现实十例，《中国地方志》1997年第4期。

《武夷山导游词》的事。① 事实证明,这两地旅游局对地方志旅游资料具有导游价值,是肯定的。他们以之为依据编写导游培训教材和修改导游词,是值得赞赏的善举良法。如果各地旅游局都效仿他们的举措,那么,地方志旅游资料的导游价值和作用,便会得到最大限度的发挥。

综上所说,地方志旅游资料多方面的价值和用途,已经显而易见,所发挥的作用,也卓然可观。因此,各地旅游业要想在旅游市场激烈竞争中立于不败之地,能够持续发展,那就应当重视和善待地方志旅游资料,以积极的态度予以广泛利用。

三、地方志旅游史资料的价值及其利用

现代旅游业,是在既往旅行观览活动的基础上成长、发展起来的,深入研究我国旅游业发展的历史,对建设和发展中国特色的旅游业,有重要的现实意义。旅游研究离不开旅游史资料,不可能做无米之炊。旅游史资料从何而来呢?喻学才著《中国旅游文化传统》②一书指出有四种来源,即:方志、山水名胜志、正史、别集。这是完全正确的,足见地方志旅游史资料的重要价值。

关于地方志旅游史资料的具体内容,以笔者所见的古今方志而言,大体可从中看出我国古代旅游发展的下述几个方面,为明其究竟,兹分别举例以证:

其一,关于名山胜水开发和盛衰变化的历史。这方面的记载最多,内容也较详明。例如明代永乐《乐清县志》卷二"山川":广数百里,"谷邃峰垒,行不能遍";明清以来编修的各种"黄山志",所载内容也反映了不同时期黄山的历史状况。明代田汝成辑撰的《西湖游览志》、《西湖游览志余》,清代翟灏等辑《湖山便览》、李卫《西湖志》,民国时期出版的《西湖新志》,也都反映了西湖名胜和园、墅、堤、桥等景观的修建存废情况。

---

① 详见《中国地方志》2000 年增刊,第 79 页。
② 东南大学出版社,1995 年。

其二,关于旅游食宿接待状况。例如《松江府志·名迹志》就有吴王"筑华亭于其国之东,松江之南,以为停留宿之处"的记载。① 明万历《青阳县志》里载录有知县蔡立身所作的《九华山供应议》,对当时九华山游客之盛和供应等问题,都有具体的记述。②

其三,关于旅行向导(导游)。清乾隆年间施元孚编纂的《雁山志》,卷末有"游法"一门,可作为游者向导之用,堪称游览指南专门之作。《桂林市志》(中)记载导游,内容颇详,说明"古代的导游服务方式是'把炬引游'",并引述了宋罗经《游南中诸洞记》里"引炬数百,随以鼓吹,市人从之者千计"的记载和《徐霞客游记》所说"导游携松明前驱"的情景,指出"游览者一般由各寺观的僧道引路"的导游特点。③

其四,关于国际旅游的史实。清嘉庆《长安县志》记载了唐代日本僧人法然到长安香积寺学习佛经的事。④ 清代闻世道编纂的鄞县《天童山志》,也记载了宋、元间许多日本僧人到天童寺和阿育王寺"游参"及到江浙部分地区游历的事。⑤《广东通志》记载的唐代贞观年间在广州建光塔给航路指路、宋代祥符年间广州知府劭晔开辟内濠以使进入广州的外船免遭台风袭击,都从一个侧面反映了当时广州的外国商旅之盛。此外,一些当代新编的方志还记载了旧时中国人出境游历的事实。例如福建泉州市《鲤城区志》,就记载有明、清以至民国时期,泉州南戏、高甲戏班、木偶戏艺人先后到琉球、东南亚各国演出;⑥浙江《青田县志》则记载了自17世纪以来,青田人远赴欧洲、南洋群岛及印度等地进行商贸和考察,"足迹遍历五大洲"的盛况。⑦

其五,关于前人对旅游的见解认识。这方面的内容虽不多见,但其重要

---

① 转引自杨时进、江新懋:《旅游概论》,北京:中国旅游出版社,1983年,第33页。
② 详见新编《青阳县志》"附录"。
③ 见中华书局,1997年,第1365页。
④ 引据魏光:《谈谈地方志》,《图书工作通讯》总第17期。
⑤ 引据戴松岳:《鄞县佛教的对外交往》,《浙江方志》1991年第1期。
⑥ 详见《鲤城区志》(下册),北京:中国社会科学出版社,1999年版,第940页。
⑦ 详见《青田县志》,杭州:浙江人民出版社,1990年版,第282、374、711页。

意义却是值得关注的。例如清康熙十八年(1679)《黄山志定本》卷首,编纂者闵麟嗣在《黄山志定本发凡》里写道:"山寺为山中胜概,隆替不常,存者无论,即废址荒宫,亦必备载,以俟将来。安得静茅数百间,棋布前后海,为山之邮,游人草床、蔬食可待矣。"就是说:山志中对山寺和废址荒宫的记载,可以作为将来恢复建设参考之用;在黄山建山寺之类的房子,可供游人食宿之用,以适应旅游发展的需要。另一个实例是康熙五十二年(1713)编纂的云南《定边县志》辑录的《重修温泉记》,该文把定边(今南涧彝族自治县)温泉与安宁温泉作了比较,认为安宁温泉在云南温泉中堪称第一,"获显名",而"夏不热,冬不寒,四时相济,与候致宜"的定边温泉却"泯泯无闻",原因就在于"安宁池幸在车盖络绎之疆,时有高人骚士过而访焉,流连而品题焉",而定边温泉则"独在深山幽谷之中,惟有绿衣翱翔,白云上宿",太偏僻冷清,所以名声不扬,人迹罕至,便湮没久远了。这两个例子,均已距今300余年,前者表现了旅游发展的理念,后者揭示了交通条件对旅游资源开发的重要性、名人效应和旅游宣传在发展旅游中的价值和作用。这样的远见卓识,与今天发展旅游业的现代理念极为相近,应当说是十分难能可贵的旅游史研究资料。

散布在各地志书中的旅游史资料,虽然只是一些散珍遗珠,却是不可或缺的。只要搜集起来作一番排比、整理,便可以展示出中国旅游发展历史的特色风貌和先哲们在旅游认识方面的睿智。对于旅游史研究和中国旅游理论的建设来说,地方志旅游史资料无疑有很高的价值和无可替代的作用。

四、开发利用地方志旅游资料的现实思考

1978年10月至1979年7月,邓小平同志先后五次作了关于发展旅游业的谈话。这五次谈话,集中反映了邓小平关于发展旅游业的思想。他指出:"旅游事业大有文章可做,要突出地搞,加快地搞。"[①]贯彻落实这一指示,显然包括旅游资源开发这件大事,而开发旅游资源的决策和实施,不能不涉

---

① 《邓小平论旅游》,北京:中央文献出版社2000年,第5页。

及对地方志旅游资源资料的开发利用,这是必须认真对待的大问题,不可等闲视之。

开发利用地方志旅游资源资料之所以十分重要,不仅是因为发展旅游业的需要,同时还会对国家建设、人民生活的各个方面产生积极的影响。从各地实施的情况综合考察,其积极影响主要有五个方面的表现:

第一,增加了景区、景点、景物,开拓了旅游观光处所,美化和优化了旅游环境,从而增强了对旅游主体的吸引力,扩大了客源。

第二,能够顺应我国人民日益增长的旅游需求,促进国内旅游市场的兴旺。

第三,旅游资源开发后投入市场,能够在增加就业机会、脱贫致富方面发挥作用,同时还使一些地处偏僻、交通不便的地区打破了与外界隔绝的封闭状态,改变了面貌,更新了观念,加快了经济发展步伐。

第四,能够增加旅游经济收入和政府财政收入,为当地社会各项事业发展创设了资金条件。

第五,由于旅游资源开发改善和优化了的旅游环境,祖国大地因此更添了锦绣,河山更美,使全国人民和台、港、澳同胞及海外侨胞们更感到祖国江山的秀美可爱,从而使全球炎黄子孙的民族向心力和凝聚力更加增强。

诚然,开发利用地方志资源资料的好处很多,然而在决策运作过程中,还必须认真严肃从实际出发,以务实的态度从事,而不可草率从事。一方面,应从当地的实际需要和条件出发,客源有限、资金为难的地方,不妨缓处;另一方面,对历代志书中的旅游资源资料,还要持慎重态度。有些志书受"彰乡里之盛"思想的影响很深,多有渲染名胜和附会之弊,《重修浙江通志稿》第九编"名胜古迹考·叙例"将这种现象斥之为"信史之玷",我们更应该注意辨诬求真。须知,漠视地方志旅游资源资料的价值固然是错误的,轻信盲从也同样是错误的。

有些旅游资源资料,一眼便可判定其有开发利用的价值;但有的却不然,需要着眼全局,立体审视,深层探索,方可得出正确的认识和结论。例如安徽《萧县志》①记载的有关皇藏峪等文物胜迹和果树生产、葡萄酒罐头工业、书画艺术,便是这样,个别审视难见开发价值,连到一起并联系地近徐州市的地理区位优势,其开发价值便可豁然而明。

从20世纪80年代以来境外来华旅游者的需求趋向看,现代文明发达国家和地区的旅游者正在滋生一种回归性的审美情趣,他们对中国古老、原始和土俗的社会风情,有着浓烈的观赏愿望和追求。针对这样的现实,我们开发地方志旅游资源,要重视其中社会文化的古韵土味,以适应这些游客的旅游观赏需求,力戒弃"土"从"洋"的倾向。

在研究制订开发利用地方志旅游资源资料的预案时,重视借鉴志书中所载前人景观园林建设经验,也是应当注意的一个重要问题。例如王鏊《天趣园记》里关于景观园林建设"因其势而为之"、"省且佚"的做法和经验②,就值得借鉴和学习。

《地方文献国际学术研讨会论文集》(2004),

北京图书馆出版社,2006年4月

原载《中国地方志》2006年第1期(有删节)

---

① 中国人民大学出版社,1989年。
② 详见《嘉靖延平府志》卷十九。

地方志在构建社会主义和谐社会中的价值和作用
——以南康历代县(市)志为例

地方志书,是全面系统地记述一个行政区域自然、政治、经济、文化和社会的历史与现状的资料性文献,有资治、兴利、存史、教化的功能。修志为用,如何利用地方志为社会主义建设服务,这是我们面临的重要研究课题。

2006年10月11日中国共产党十六届六中全会通过的《中共中央关于构建社会主义和谐社会若干重大问题的决定》,提出了到2020年,构建社会主义和谐社会的目标和主要任务。因此,探索和了解地方志在构建社会主义和谐社会中的价值和作用,便成了利用地方志为社会主义建设服务的一个新途径。本文以南康历代县(市)志书为例,从我国传统文化和道德风尚层面,试说浅识,以就教于方家。

一、历代志书中反映的我国传统文化和良好道德风尚

南康位于江西省南部,1995年3月5日撤县设市,为省辖市,划归赣州地区(今赣州市)代管。自明嘉靖三十二年(1553)首修县志、三十四年刊印成书,继后又有清康熙十三年(1674)、四十九年(1090)和乾隆十八年(1753)、道光三年(1823)、同治十一年(1872)及民国25年(1936)纂修县志面世,383年间共七次编修县志。除康熙十三年(县志残缺甚多未予重刊)外,其他六部县志均已重新刊出。这些不同历史时期编修的志书,虽然所载内容简繁不等,但在体现我国传统文化和良好道德风尚方面,都有相同的主旨,内容承续。兹列其要者例说如下。

1. 廉政爱民,贬斥贪酷

明嘉靖志卷之七"宦绩"载:黄由庚,"(宋)乾道中知县事。猾胥奸民表里贪缘,由庚正其诡侠(黠),破其囊橐,于是田里晏然。复置田赡学宫,士民为之祠祀之";"淳熙中以进士出宰。留心抚字,凡有科赋,与民相约,官不迫,民不爽;抑豪强,罢冗费。"这两个官员的治政作为,康熙、乾隆、道光、同

治和民国各志均作了复载。

清康熙四十九年(1710)志卷八"职官志"载:"韩乐……顺治七年任(知县),地方经残破后,招抚流离,请蠲荒赋,民渐归业,并禁兵扰,得以安堵。"

乾隆志卷十三"艺文志"林颙亭传(道光志卷十九"孝友"作"林浓亭")谓:雍正九年为直隶阜城令,"矢志为清白吏,思贻父母令名。初视事,即减耗羡省催科,自奉俭约,毫不扰民。邑当孔道,差络绎,日用或数辆至数十辆,旧例草料与半值,仆夫若不给,公捐俸以补之。请于上官许给全价"。前任留下的"讼狱滋丰,县胥需索未满,辄行羁勒"等弊,他"痛加绳束。有犯,许民上闻"。此外,还平反冤狱,并在公务之余"巡行郊外,课农桑,教孝弟"。离任之日,"囊橐萧然,百姓呼号云集","老幼饯行者以万众,泣送十余里"。

有些志书对贪酷官吏的行径及其可悲的下场,也有所反映。例如康熙志卷八"职官"中,就载有明代正德年间任县丞的舒富"德不胜才,逞刑嗜利,竟为民罢去"的事。上述林颙亭传中也载有某捕役诬他人,致令其"坐赔盗赃银若干",真相大白后"伏辜"的可耻结局之事。

以上这些记载,反映了旧时的官场文化,反映了少数仕宦者的从政理念和实践表现。这种官场文化,在普通百姓的心目中,成了社会生活中对"清官"的渴望和追求,以致最终形成了各种"清官"传说,长期在民间流传不衰。

2. 讲信修睦,敬老孝友

南康历代县志对此类人和事多有所记载。其中,明代嘉靖志卷八载有孝子 5 人;清康熙志卷十二又增 5 人,共载孝子 10 人;乾隆、道光、同治各志,也载有一二十人;民国志卷八人物志孝友,更增至 35 人。所载的这些人物,各有这方面的事迹表现。例如嘉靖志记载的蔡恢"事父敬顺弗违";陈清福"以身代父,视死如归";乾隆志记载的李用梅"处兄弟,推财让产,至老一堂雍穆";李上谦"事继母等于生母",抚诸弟"遗孤如已子","归途拾金,止半日,俟遗金者至,还之"等德行,都十分感人。

讲信修睦,敬老孝友,不仅是民间的良好道德风尚,也是一些封建官宦为求稳定地方社会秩序而提倡的良风善俗。这一点,从明代嘉靖志中所载王阳明推行的《十家牌法》和《南赣乡约》中可以概见一斑。该志卷十记载：王阳明巡抚南赣时，行《十家牌法》，申明其旨在"防奸革弊以保安"，要求"各家务要父慈子孝，兄爱弟敬，夫和妇随，长惠幼顺，小心以奉官法，勤谨以辨国课，恭俭以守家业，谦和以处乡里。心要平怒，毋得轻意忿争；事要含忍，毋得辄兴词讼；见善互相劝勉，有恶互相惩戒，务兴礼让之风，以成敦厚之俗"。同时，又订有《南赣乡约》，要求"同约之民，皆宜孝尔父母，敬尔兄长，教训尔子孙，和顺尔乡里。死葬相助，患难相恤，善相劝勉，恶相告诫，息讼罢争，讲信修睦，务为良善之民，共成仁厚之俗"。从康熙志重刊《十家牌法》，同治志、民国志复载《南赣乡约》的情况来看，讲信修睦、敬老孝友不仅仅是王阳明治政的理念，也是有清一代，乃至民国时期南康地方官员的共同要求。

3. 赈饥恤贫，捐助公益

赈饥恤贫，捐助公益，是长期流传的良风美德，志书里不乏此类记载，一般散见于储恤、义仓、学校、桥梁等相关领域，人物部分记载较为集中。民国《南康县志》卷八"人物志"记载善士61人中，就有24人是"输粟助赈"者，13人是"捐资公益"者，其中有的还是二者兼为的善士。①

志书记载这些人的善行义举，有不少感人至深之处，既有康熙时王弘璧那样"出谷赈饥，病者药之，殁不能具棺者，赗之"的救助，②又有邓梦熏那样捐买租田为义仓、创修桥梁、平治道路，"贫老病苦岁给衣米药物，不能葬者与以棺，以及往来同衢设立茶灶"，"解私囊以共济"，为乡里族戚"啧啧称之"的乐善好施之举。③尤其是康熙时卢声闻，"生平尝欲仿朱子社仓以周族里，未及行而卒。其子举人大川、例监生大柄率诸弟追竟其志，捐谷置仓于其存……其妻刘氏亦贤。后届六十寿，谓其子曰：'与觞宾为无益费，盍节是贮谷以益汝父社仓乎？'于是谷复益，所及乃益广。洎岁饥，川柄等又推广其志，

---

① 除"输粟助赈"者外，一人为输粟助军，其他仅载"输粟"而未明用项，但受旌奖。
② [乾隆]《南康县志》卷二十二《人物志》，南康市地方志办公室重刊本。
③ [道光]《南康县志》卷二十九《艺文·邓映虹传》。

另捐谷为米,或给赈,或减粜,因贫差等施之,盖凡救六大饥岁云"。这种全家人齐心向善、行善积德的家风厚俗,弥足珍贵,无疑是我国民间传统的良好美德。

4. 调解纠纷,反对陋俗

儒家"和为贵"的伦理思想,在中国历史上被视为达到人际关系和谐的道德规范,是最为可贵的,且奉之为处事待人的圭臬。因此,王阳明巡抚南赣时申谕《十家牌法》即提出:"十家之内但有争讼等事,同甲即时劝解和释。"《南赣乡约》里也规定:"今后一应斗殴不平之事,鸣之约长等公讼是非;或约长闻之,即与晓谕解释",以免"酿成大患"。到民国时期,这种以民间组织调解纠纷的做法,依然在当地发挥着作用。民国《南康县志》第二编卷六《社会・风俗・十三:调解与诉讼》,就有这样的记载:"有争斗口角,先请同里人调解而后讼。调解人俗谓之中人,义取不偏之谓中也,往往息事宁人,良俗也。"该志第二编凡例①中指出:"康俗健讼,牛毛细故缠讼连年,倾家荡产,前仆后继,而豪绅请托,官吏贪墨,亦时有所闻。今县乡设有调解息讼会,公正士绅,其苦口劝导,以挽浇俗。"

民间纠纷的调解对于排解纠纷、防止矛盾激化,实现息讼安宁,是有作用的,如道光志卷十二"人物志"就记载有"乡里间争讼",卢镇珏"片言排解"的事。

此外,有些志书里还记载了嫁娶中"女家责聘礼不充,男家责女家嫁妆不丰",丧葬时"大作佛事,或盛设宴乐,倾家费财",以及"溺女婴"等陋俗的内容。

总之,历代南康县志中体现的我国传统文化和良好道德风尚,对于"建设和谐文化,巩固社会和谐的思想道德基础","完善社会管理,保持社会安

---

① [民国]《南康县志》设二编,第一编继旧志"辑集史实续至清末止";以"民国鼎革后百度维新,旧志门类不能统括","自民国纪元起新立门类",为第二编。是以该志第一、二编各有"凡例"。

定有序"①,都是有历史借鉴价值和积极意义的。

二、新方志对传统文化道德风尚的继承和发展

1984年5月,南康开始编修社会主义新方志。历经8年多艰辛,新编《南康县志》于1993年3月出版发行。2001年6月,又启动第二轮修志工作,2005年1月,出版了《南康市志(1986—2000)》。这两部志书,都是采用新观点、新方法、新资料进行编纂的,既批判地继承了历代修志的传统和经验,又根据新的地情实际,进行了创新探索实践,做到继承和创新相结合,基本实现了思想性、科学性和资料的相统一。与历代县志比较,所载内容在反映我国传统文化和道德风尚方面,既有继承,又有很多重大发展和变化。

第一,历代县志反映的廉政爱民、贬斥贪酷的官场文化内容,所涉及多系少数官宦的从政理念和实践、人民群众对"清官"的渴望和追求。在新修县(市)志里,内容则已多是对所有党政干部的基本要求、多数党政干部的自觉行为、社会的普遍现象,"纪检监察"、"精神文明建设"、"人物"等篇章里记载的内容,便是实证。例如记载龙化乡60多名机关干部心系百姓、抢救生命,于1998年2月13日冒着狂风暴雨奋战1个小时,救出农户张佑一家并送往医院治疗的事实,②便是一曲新时代的爱民之歌。这样的群体性爱民行为,在旧时历史上是根本不可能出现的,旧志里也不可能有记载的。

第二,旧时讲信修睦、敬老孝友的道德风尚,县志里虽有记载,但往往是前、后志重复记载的多,且事主事迹略同,有的还夹杂"孝感天地鬼神"之类荒唐不经的迷信内容。新编县(市)志则不然,此类道德风尚已成为各行各业、各类人群的生活准则和普遍现象,因此,志书中所载自然便多,而且内容真实可信。例如许兰英三十年如一日为孤寡老人和五保户送粮上门、黄孝斌拾金不昧、陈玉英倾注真情孝敬公婆、卢圣兰常年关心照顾市福利院29

---

① 见《中共中央关于构建社会主义和谐社会若干重大问题的决定》。
② 《南康市志(1986—2000)》,武汉出版社2005年,第750页。

[附] 作者相关论文选

位老人等典型人物和事例,①真实、鲜活、感人至深,非旧志所载能比,极富教育意义。

第三,旧志所载赈饥恤贫,纯系个人之所为;在当代,这类慈善之举已成为一方有灾八方赈济、一人有难百家支援的大范围、规模性行为。例如1994年南康发生洪灾,除了政府投入300多万元紧急救灾外,县内外单位、干部、职工和群众踊跃捐款捐物,奉献爱心,捐款人民币17.8万元,衣物1.7万余件,熟食品4500多公斤,大米5万公斤,木头10立方米。② 同时,捐资办学,也随着我国"科技兴国"战略的实施而蔚然成风。据统计,1986年至2000年社会各界人士捐助办学款达281.7万元。③

第四,当代南康实行的人民调解制度,也与往昔由乡约或士绅操持的调解纠纷有明显区别:一是1951年以来,广泛、普遍地建立起了调解组织,1984年7月以后形成了一个从城镇到乡村的调解工作网,有数千名调解员;二是国家颁布了《全国人民调解委员会组织通则》、《人民调解委员会组织条例》,市和各乡镇在1999年还分别建立了司法调解中心,将人民调解工作纳入了法制化轨道。④ 其次,反对陋俗也逐步发展成了有组织的有序活动,随着扫黄打非活动的持续进行,红白喜事理事会、移风易俗理事会、妇女禁赌会、妇女禁毒会等组织的建立及其活动的开展,使反对各种陋俗的声势和成效也十分显著。这些,在新编县、市志里也都有反映,成为构建和谐社会宣传教育的真实的强有力的乡土教材。

新编县(市)志不但在上述四个方面有重大发展和变化,而且有三个方面的记述很突出:

一是突出反映了爱国主义的精神,大量记载了革命先烈和各界爱国人士为挽救国家民族危亡、维护国家权益所进行的爱国活动和斗争。例如工

---

① 见《南康市志(1986—2000)》,第747,751页。
② 同②,第677页。
③ 见《南康市志(1986—2000)》,第786页。
④ 详见新编《南康县志》,北京:新华出版社,1993年3月,第184页;《南康市志(1986—2000)》,第305页。

人运动先驱、革命先烈陈赞贤青年时代"决计从教育入手,启发民智,震感民觉,以达救国之目的",为革命牺牲的气节;爱国将领赖传湘浴血奋战、英勇抗日的壮烈行为;何吉勇、袁荣卓、黄朝华等在对越自卫反击战中的英勇牺牲;天主教神甫陈独清坚持反帝爱国立场、一生爱国爱教的行为,都生动地展示了爱国者的崇高道德和形象。

二是突出反映了舍己救人的自我牺牲精神。其中有助人为乐、舍己救人的少年英雄李祖鎓的感人事迹;有杨庆华为抢救落水儿童而牺牲的英勇表现;有好民警卢和忠为调解水利纠纷,把危险留给自己,最终献出年轻生命的无私无畏精神……展示了社会主义新时期一代英雄人物无私无畏的道德品质。

三是突出了正确对待恩怨爱仇的观念。新编县(市)志中的人物志,举凡为国家民族、为乡里和人民做过好事的人物,其相关的事迹言行都书之于篇;而对为非作歹者的行径,也如实载录。值得一提的是陈书元对待家庭恩怨的认识和处理,极见其宽广胸怀和远见卓识。其祖父在与钟姓争执山林界址纠纷时被杀。书元得势还乡后,其弟提出报仇主张,他耐心劝说道:"过去了的事,就让它过去吧,冤家宜解不宜结。现在我们有钱、有势,也有枪,欲杀他几个,端是容易。但是,要考虑到彼此无辜的后代。如果世世代代把冤结下去,你杀我,我杀你,没有安宁之日,更何况将来谁赢、谁输也不得而知,我们不要给后代子孙造孽而留下祸根。"书元的这种豁达胸怀,不但"乡邻知后为之感动,莫不称颂",而且"钟姓闻之,也颇钦佩,两姓仇隙从此逐渐消除"。① 这是对"和为贵"伦理思想的生动实践和明白诠释,不啻是处理家族邻里恩怨的典范。

三、利用地方志为构建社会主义和谐社会服务

《中共中央关于构建社会主义和谐社会若干重大问题的决定》指出:"建设和谐文化,是构建社会主义和谐社会的重要任务",必须"弘扬民族优秀文

---

① 新编《南康县志》,第619—620页。

化传统,借鉴人类有益文明成果,倡导和谐理念,培养和谐精神,进一步形成全社会共同的理想信念和道德规范,打牢全党全国各族人民团结奋斗的思想道德基础。"笔者通过考察南康新编县(市)志的内容表明,这些志书反映的我国传统文化和良好道德风尚,是适应构建社会主义和谐社会的需要的,可以用来为构建和谐社会服务的。

地方志反映的传统文化和良好道德风尚,乡土气息浓厚,有的广为当地人民群众所熟知和传颂,在当地人民群众中有亲切感,有亲和力,加以利用,可引发广大人民群众共鸣,最终实现"培养和谐精神",形成"共同的理想信念和道德规范",打牢"团结奋斗的思想道德基础。"

但是从现实情况来看,地方志毕竟不是一种普及读物,而且因为其内容涉及多方面,难以直接被大众使用,所以必须下一番撷择材料、编辑改制的工夫,才能用来为构建和谐社会服务,产生积极的效果,达到发挥作用的预期目的。编辑改制的形式,可以因需而定:一种做法是编写成通俗小册子,分发到乡村、街道、社区的文化室、图书室,供群众阅读;分发到中、小学校,作为乡土教材或课外读物。另一种是编写成单篇的小故事,提供给当地的报刊和广播台(站)刊发、播放,以扩大宣传影响。

利用地方志为构建社会主义和谐社会服务,这是地方志工作"为地方经济社会的全面发展服务"的方式之一,也是县级以上地方人民政府负责地方志工作的机构"积极开拓社会用志途径"的一个重要方式。[①] 兹事重要,意义重大,我们应当以百倍的热情把这件大事做好,使地方志为构建社会主义和谐社会服务,作用得到充分发挥。

原载《第二届地方文献国际学术研讨会论文集》
国家图书馆,2009年12月

---

① 引见《地方志工作条例》。

后 记

2011年拙作《方志批评学论略》出版时，我在"后记"里曾写了这样几句话："作为一个年逾八旬耄耋老人，能以健康之躯，克服种种困难，写出这么一本书来，心里自然十分高兴，有一种'我不仅活着，我还能用心写书'的自我陶醉，还因此增强了继续过好晚年生活的信心。"这种心情和强烈的自信心，促使我用心思索方志事业的现状和需求，继续握紧手中的笔，从事方志理论研究和写作。这本书，就是在这种心境中开始写作并最终写成的。

30多年来，我在理论与实践相结合的方志学研究旅途上跋涉。当代神州大地上涌起的读志用志热潮和方志应用理论研究的兴起，启发了我研究方志应用学的思路和写作这本书的念头，历经两年多时间，终于脱稿。我很为这件事愉悦欢欣，因为这再一次证明了自己"年老身体健，思维仍正常"的生命特征，说明自己仍能为社会主义地方志事业尽心尽力、发挥余热。《方志应用学探论》是我老而弥健充满生命活力的铁证！我庆幸自己能活得这么潇洒，这么有滋有味。如果有人问我："你幸福吗？"我会坚定地回答："幸福！非常幸福。"

30多年来，我在方志理论方面的研究一直受到安徽大学领导的重视和支持，学校资助了我于2005年出版的《地方志与旅游》和2009年出版的《续志编纂说略》。这次《方志应用学探论》的出版，学校又一次提供了经费

后　记

支持。

　　安徽大学出版社对我的科研成果的出版，也很重视，2001年、2009年先后出版了我的《方志编纂叙论》、《续志编纂说略》，这一次又为我的《方志应用学探论》的出版提供了很多帮助。

　　值此《方志应用学探论》出版之际，我谨以诚挚的心情，向安徽大学领导和历史系、出版社致以诚挚的谢意。

林衍经
2013年5月26日